AF325813

L'enfer de Jéhovah

Sophie Grimbert
En collaboration avec Bertrand Ferrier

L'enfer de Jéhovah
Le combat d'une femme pour en sortir

© Max Milo, Paris, 2023

www.maxmilo.com

ISBN : 978-2-31501-217-6

Songeur, retiens ceci : l'homme est un équilibre.
L'homme est une prison où l'âme reste libre.

Victor Hugo, « Ce que dit la bouche d'ombre »,
in : *Les Contemplations*

Prélude

Je suis née et j'ai été élevée dans une famille de témoins de Jéhovah. J'ai vécu plus de quarante ans dans cette communauté. J'en suis partie en 2009. Jusqu'en 2019, je n'ai presque pas revu mes parents, mon frère, et mon fils. Cette expérience m'a marquée au fer rouge.

Pour autant, je ne renie pas tout ce que j'ai vécu au sein de ce que d'aucuns considèrent comme une secte. Les valeurs et principes que l'on m'a inculqués, je les revendique. En revanche, je dénonce ce qui va avec, à savoir le mode de vie extrême, clos sur lui-même, et l'intention de persuader chacun que la foi en Jéhovah est *la* Vérité parce que se réaliscront « un jour » des prophéties tirées d'un livre écrit par des hommes il y a plusieurs siècles.

L'objectif de ce livre-ci n'est donc pas de salir les Témoins ou de prendre une revanche contre eux. Par le biais de mon expérience, j'invite chaque lecteur à découvrir le mode de vie particulier des Témoins. Je le raconte sans filtre... ou presque. En effet, il me faut rester prudente. Le droit de croire est devenu un cheval de bataille juridique pour la société Watchtower, l'entité qui gère le mouvement dans le monde entier et regroupe huit millions d'adeptes dont quelque cent trente-six mille en France, en 2023[1]. Critiquer ce que l'on appelle les « nouvelles religions » est un exercice aussi salutaire que juridiquement dangereux.

---

1. https://actu.fr/societe/ancien-temoin-de-jehovah-thierry-raconte-ils-ont-brise-ma-famille_57347821.html

En sortant de la communauté, je suis devenue comme une pécheresse, une ennemie de l'Esprit Saint, une blasphématrice sous l'emprise de « Satan le Diable ». Tant pis ! S'il existe un droit de croire, il existe aussi un droit de ne pas croire. À travers mon histoire, je veux alerter contre toutes les formes de dérives qui ne profitent en aucun cas à l'équilibre et de la société. La réflexion et le débat ne devraient-ils pas la rendre plus libres ?

Il me paraît important d'écrire pour aider ceux qui se retrouveraient dans mon cas ainsi que les autres. Ceux qui se présentent comme les « vrais chrétiens », à l'instar de tous les fondamentalistes ancrés dans un retour aux sources de la religion primitive, fondamentale ou première, gagnent d'autant plus de terrain que la société se désagrège.

*

Quand j'ai commencé à écrire ce livre, j'étais très en colère. J'ai collecté des informations sur le fondamentalisme en général. À travers ce prisme, je voulais prouver que ma famille avait tort. Peu à peu, de nouvelles expériences, lectures et rencontres m'ont ouvert d'autres perspectives. J'ai alors souhaité montrer combien les sanctions des témoins de Jéhovah frappant les « exclus » ou « excommuniés » comme moi sont injustes et inhumaines.

Les exclus d'un groupe religieux ne sont en rien fautifs et ne méritent pas de subir la coupure sociale et affective qui leur est parfois infligée. Ceux qui croient à un modèle de pensée n'ont pas à punir ceux qui en sortent, même s'ils se sont « engagés » à le suivre jusqu'à la mort. Tout être humain a le droit d'évoluer, donc de changer d'avis. Chacun peut réfléchir et découvrir qu'il s'est trompé, voire estimer qu'il a été trompé.

Être élevé dans une religion pousse à la suivre car elle construit les racines d'un individu et devient son histoire. Mais si, au cours de son parcours de vie, quelqu'un se rend compte que cette voie n'est peut-être pas aussi juste que ce qui lui a été promis, il doit avoir le droit de quitter cette croyance et de continuer à vivre sans être frappé d'ostracisme par sa famille ou par son clan.

L'exclusion relève d'une discrimination qui dépasse le fait religieux. C'est une question qui doit être débattue et encadrée par des lois en faveur de la liberté de conscience. Celle-ci gagnerait à impliquer la neutralité absolue dans la sphère publique pour respecter les athées, d'une part et, d'autre part, pour éviter les clivages et les craintes qu'inspire à certains l'expansion d'une religion, quelle qu'elle soit.

*

J'ai pardonné à mes parents même s'ils appliquent des principes radicaux. Je sais comment ils fonctionnent. Je connais les discours qu'ils entendent et ce qui les persuade de me tenir à l'écart. Ils croient à ce qui leur est dit donc à ce qu'ils font. Ils pensent que la Bible est inspirée par Dieu, que son contenu est véridique et que je suis sous influence diabolique. La foi qui leur est enseignée chaque semaine a formaté leur esprit, car leur cœur voudrait que le monde soit meilleur, ce qui les pousse à espérer l'« intervention de Dieu dans les affaires humaines ».

Voilà pourquoi les Témoins ne peuvent vivre au milieu du monde. Pour préserver leur pureté, ils se soumettent à un séparatisme rigoureux, entendu comme une démarche idéologique préservant au maximum le croyant du reste de la communauté. Jéhovah n'a-t-il pas dit : « Sortez du milieu d'eux, séparez-vous, cessez de toucher la chose impure et je vous recevrai » ? Afin de devenir ses « fils et filles », les Témoins doivent s'en tenir aux consignes données notamment par Paul dans sa seconde Lettre aux Corinthiens, au quatorzième verset du sixième chapitre :

> Puisque nous avons ces promesses, bien-aimés, purifions-nous de toute souillure de la chair et de l'esprit, rendant parfaite la sainteté dans la crainte de Dieu.[1]

*

Quitter les Témoins n'est pas sans conséquence, d'autant que j'ai vécu intensément la foi que mes parents m'ont enseignée. Je ne supporte pas le tiède et quand je m'engage, c'est entièrement. La rupture, quoique progressive et inéluctable, n'en a été que plus violente. Je vis au quotidien avec les traumatismes qu'elle a entraînés.

J'ai commencé ma vie dans le monde à 45 ans, sans grande expérience, ne connaissant pas la plupart des code malgré des diplômes obtenus sur le tard, voulant investir des créneaux qui m'étaient refusés auparavant. Ma fille, elle aussi impactée par les combats que j'ai menés pour nous sortir de ce système étouffant, m'a vue me battre sans arrêt pour en sortir et trouver ma place.

---

1. La doctrine régissant la vie mondaine et spirituelle des témoins de Jéhovah évolue au fil des ans. Bien qu'elle ait pour partie été modifiée depuis les enseignements que j'ai reçus, j'ai inclus dans ce texte, en plus des citations de magazines de l'époque, des références aux textes actuellement en vigueur au sein de la communauté, afin que le lecteur curieux puisse s'y référer. Voici la première sur « la sainteté dans la crainte de Dieu » et l'exigence de pureté : https://www.jw.org/fr/biblioth%C3%A8que/revues/w20080515/Poursuivons-la-saintet%C3%A9-dans-la-crainte-de-Dieu/.

La grille de lecture de mes interlocuteurs est elle aussi biaisée dès que je parle de mon passé. De manière opportune, certains de mes compagnons voient dans mes actions les conséquences de mon passé même quand cela n'a strictement aucun rapport.

Certes, le long processus qui m'a sauvée a été éprouvant, mais il a aussi développé mes anticorps intellectuels à l'assujettissement et surdimensionné à jamais mon amour de la philosophie, de la réflexion et de la liberté. Si, à travers mon histoire, ce livre peut attiser la vigilance de chacun, contribuer à la compréhension d'un phénomène complexe et éclairer ceux qui sont en recherche de spiritualité, mon travail n'aura pas été vain.

0.
LE JOUR OÙ TOUT A CHANGÉ

En 2009, lassée de mon travail d'agent administratif, je décide de reprendre des études. Mon mari émet ses doutes. À quoi bon ? C'est perdu d'avance, je ne serai jamais prise, à mon âge !

Ses quolibets et ses piques ne me désarçonnent pas, au contraire. Je monte un dossier de validation des acquis de l'expérience (VAE). À mon diplôme d'infographie, j'ajoute le récit de mon travail de bénévole. J'y énumère mes expositions de peinture. J'y dévoile mon parcours professionnel et, plus généralement, tout ce que j'ai fait, donc tout ce qui m'a fait – bref, tout ce que mon mari considérait comme une pathétique perte de temps. Le résultat tombe : je suis admise en troisième année de licence d'Histoire de l'art et d'archéologie. Aussi incroyable que cela semble à mon entourage, je vais aller étudier à la fac de Sciences humaines. Je réalise l'un de mes rêves les plus fous, et je crois accomplir un pas de géant vers ma libération sociale...

... mais celle-ci n'est pas acquise. Peu après cette bonne nouvelle, les représentants des témoins de Jéhovah me fixent rendez-vous pour un entretien. Si je ne m'y rends pas, je serai exclue. Ils me reprochent d'avoir vécu avec un homme quand je me suis enfuie de chez moi. Je me rebiffe. Ma vie ne les regarde plus. Je sais ce qu'ils attendent de moi. Je sais ce qu'ils veulent m'entendre dire. Je les ignore et ne me rends pas à leur convocation. Le lendemain de cette rencontre avortée, le verdict m'attend sur ma messagerie : je suis exclue.

Moi qui luttais pour me défaire de l'emprise des Témoins sur ma vie, mon cœur et mon esprit, je reçois la nouvelle comme un coup de pied au ventre. Je ne sais plus ce que je ressens. J'oscille entre soulagement et angoisse, angoisse et soulagement... Un vertige me saisit quand je prends conscience que tout est accompli. Je ne suis plus témoin de Jéhovah. JE NE SUIS PLUS TÉMOIN DE JÉHOVAH. JE NE SUIS PLUS TÉMOIN DE JÉHOVAH ! Je ne sais si je dois rire ou pleurer. Je suis à la fois soulagée et dévastée. Sur le moment, je suis surtout dévastée. Je pleure en comprenant que, probablement, je ne verrai plus mes parents. L'angoisse m'envahit. Et si j'avais tort ?

Aujourd'hui encore, je me souviens de cette panique. Je la revis. Je croyais me libérer, j'ai été exclue, et j'étais donc « libre ». Cette victoire amère, je mettrai du temps à la savourer et à prendre sa mesure. Cependant, malgré l'inquiétude qui m'avait submergée à l'époque, ne plus être témoin de Jéhovah reste une victoire. Sur le moment, j'ai essayé de ne pas ressentir le verdict comme une punition mais comme une délivrance. J'ai essayé... Le poids du passé était lourd car il avait été bien pesé pour que j'en ressente les effets pervers. Advienne que pourra !

Je me suis lancée dans ma nouvelle vie sans filet. J'ai écrit les nouveaux chapitres de ma vie, à ma façon. Les précédents avaient couvert plus de quarante ans et le premier avait commencé en 1967.

1.

LA CERISE SUR LE GÂTEAU

Je suis née un jour de printemps, en 1967, à 14 h 30.

Ma mère m'a raconté que j'avais débarqué comme une fusée, en éclaboussant le gynécologue arrivé juste à temps pour acter ma grande entrée dans le monde. C'était le troisième accouchement de maman, et il a posé si peu de problèmes qu'elle a pu remonter dans sa chambre avant la fin du film qu'elle avait commencé à regarder au moment des premières contractions – *Rintintin*, l'histoire du berger allemand que tout le monde suivait alors à la télévision.

*

En 1967, le monde recense 4 milliards d'habitants. Ce chiffre a doublé depuis 1930. Les biologistes Jean Rostand et Paul Ehrlich s'inquiètent des risques de surpopulation mondiale[1]. Ils ont vu juste puisque, en 2000, nous avons atteint les 7 milliards d'humains ainsi qu'ils l'avaient prévu. Mais Jean Rostand ne s'intéresse pas seulement aux chiffres, il pose des questions graves :

> Que faut-il faire contre ce péril alors ? Faut-il donner des pilules, faut-il empêcher la prolifération des êtres humains ? Il faut choisir et il faut donc à tout moment, selon cette phrase dramatique du

---

1. Paul EHRLICH, *La Bombe P. Sept milliards d'hommes en l'an 2000* [1968], Fayard, 1970

professeur Hamburger, « choisir ceux qu'on va laisser mourir ». On va agir, on va apprendre certainement à agir sur les gènes humains sur l'hérédité. Mais est-ce qu'il faudra, est-ce que nous oserons toucher à l'homme ?[1]

Dans ce monde en paix où la consommation bat son plein, ce sont les bébés qui inquiètent les scientifiques !

Pourtant, nous sommes au cœur des Trente Glorieuses (1945-1973), et la France est à la traîne par rapport aux autres pays Européens, avec quelque cinquante millions d'habitants... plus une habitante de 3,6 kg.

Mes parents sont ravis. Bien qu'ils croient très fort en Dieu, ils ne me baptiseront pas à l'église car ils font partie d'un mouvement religieux particulier. D'une manière générale, en France, le nombre de catholiques diminue régulièrement depuis les années 1950. Chaque année, le nombre de baptêmes baisse. Selon Yves Lambert, membre du groupe de sociologie des religions et de la laïcité du Centre national de la recherche scientifique (CNRS), « les sectes font désormais partie du paysage religieux tout en restant extrêmement minoritaires (20 000 à 30 000 personnes si l'on excepte les témoins de Jéhovah) ». C'est ce mouvement « excepté » que mes parents ont choisi.

Dans les années 1960-1970, l'évolution religieuse de la France semble illustrer la thèse de la sécularisation, selon laquelle plus la modernisation avance, plus la vie sociale et individuelle prend son autonomie par rapport à la religion, celle-ci « se retirant dans la sphère privée, voire, disparaissant peu à peu »[2]. Des mouvements

---

1. Jean Rostand, *Inquiétudes d'un biologiste*, Stock, 1967
2. Yves Lambert, « L'évolution religieuse de la France au long de cinquante années », 2000, pp. 1 et 4 (https://hal.science/hal-01931663/document)

religieux nouveaux sont apparus, particulièrement en provenance des États-Unis, incarnant la liberté d'après-guerre et une forme de modernité. Aux alentours de 1965, les sociologues ont commencé à observer une cassure des courbes de la pratique cultuelle notamment chez les catholiques. Baisse de la fréquence de la prière, de la croyance en Dieu chez les jeunes, du taux de baptisés, des vocations et des ordinations... Henri Mendras qualifiera cette de « seconde Révolution française »[1].

Dans la société, la contestation se généralise. Les idées de gauche regagnent du terrain ; et la permissivité des mœurs grignote les carcans sociétaux en place. À l'avant-garde de cette mutation progressive et radicale se tient la génération du *baby-boom*. Désormais, la longue conquête moderne de l'autonomie individuelle s'attaque aux bastions de la vie privée.

*

À ma naissance, depuis déjà huit ans, mes parents ne se considèrent plus ni comme catholiques, ni comme protestants. Ils font partie de ceux qui, ne trouvant aucune réponse à leurs questions existentielles, ont rejeté la voie de leurs parents. Ils sont devenus témoins de Jéhovah. En France, à l'époque, ce groupe ne représente que 20 000 personnes environ, soit 0,04 % de la population française.

Lorsque j'arrive, dans un appartement des Yvelines devenu trop petit pour la famille, à deux pas du château le plus visité au monde, je n'ai nulle conscience de ces éléments. Je prends donc pleinement le temps de grandir.

---

1. Henri MENDRAS, *La Seconde Révolution française (1965-1984)*, Gallimard, 1988

Avant mon arrivée dans la famille, les jeudis étaient réservés au cinéma, notamment aux premiers Walt Disney qui émerveillaient autant ma mère que ses enfants. Maman ne travaille plus depuis qu'elle a eu mon frère, neuf ans et demi plus tôt. On se retourne souvent sur elle dans la rue. C'est une très belle femme, aux allures de Brigitte Bardot. Elle a la taille fine, un port de reine et le pas léger.

Mon père est beau, grand, la mâchoire carrée, le nez droit, le sourire franc et rassurant. Ses yeux bleus pétillent d'intelligence. Il est représentant dans une société internationale.

Mes parents s'aiment. J'ai l'impression d'être la cerise sur le gâteau de notre famille, et j'ai toutes les raisons d'entrevoir avec confiance la vie qui s'ouvre devant moi.

<h1 style="text-align:center">2.
Le coup du delco</h1>

Nous déménageons en Seine-et-Marne. Mon père est employé au Crédit Agricole. Nous habitons un petit immeuble familial abritant un parc. Notre appartement est doté d'un balcon.

Alors que la France traverse une énorme crise sociale et culturelle, au printemps 1968, arrive mon premier non-anniversaire. Mon jour de naissance est un jour comme les autres, et il le restera très longtemps. Pour les témoins de Jéhovah, célébrer l'anniversaire déplairait à Dieu. En effet, « les fêtes d'anniversaire de naissance ont des origines païennes ». De plus, « les premiers chrétiens ne fêtaient pas les anniversaires de naissance », et « la Bible ne parle d'aucun serviteur de Dieu qui aurait fêté son anniversaire de naissance ». Dès lors, « la seule célébration exigée des chrétiens concerne non pas une naissance mais une mort : celle de Jésus »[1]. Bilan : ni bougies, ni gâteau, ni cadeau.

Ce n'est que le début. Plus tard, à la maternelle, je me sens mal à l'aise quand on nous invite à fabriquer des objets à l'occasion de Noël, du carnaval ou de la Fête des mères, par exemple. Ma mère vient parfois parler à la maîtresse, qui me regarde autrement ensuite. Mes activités deviennent différentes de celles de mes petits camarades. Je suis dispensée de chanter à certaines occasions. Je

---

1. https://www.jw.org/fr/temoins-de-jehovah/faq/anniversaires-de-naissance/

me sens un peu à part. Je m'efforce de comprendre cette différence. Alors, quand les vacances arrivent, c'est un soulagement.

Toujours derrière mon frère et ma sœur, j'aime aller à la campagne. Nous jouons, cherchons des insectes, capturons des lézards qui s'échappent en nous laissant leur queue entre les doigts. Nous passons des heures à essayer d'apprivoiser des orvets conservés dans des boites en cartons percés. Nous collectionnons des escargots nourris aux feuilles de salades. Nous courons après les papillons qui virevoltent par dizaines autour de nos petites têtes, dans les haies et les hautes herbes. Ces pauvres insectes subissent parfois quelques expériences. Nous ne sommes pas sadiques, justes curieux.

Les scarabées aux reflets mordorés nous émerveillent autant que les libellules. Les hannetons noirs nous font tressaillir quand ils s'envolent. Les petits animaux qui croisent notre route, telles les musaraignes, stimulent notre imaginaire. Nous allons à la pêche. Nous croisons d'autres enfants, et créons des liens avec eux. Nous apprenons la vie, découvrons la nature, construisons des cabanes.

Nous nous lançons aussi dans de grandes parties de pistolets à eau qui tombent à pic car il fait très chaud. Nos grands-parents nous en ont offert un par tête de pipe. Il n'en fallait pas plus pour nous transformer en bandits. Nous nous tirons dessus, nous mourons, nous tombons, nous ressuscitons... jusqu'au jour où ma mère découvre notre arsenal et le confisque. Elle nous explique que Jéhovah n'aime pas les armes et qu'il ne faut pas jouer avec, « même pour de rire ». Je ne comprends toujours pas ce qu'elle veut dire. Néanmoins, pour la contenter, nous troquons nos duels aquatiques contre des batailles d'élastiques, histoire de continuer à jouer aux Indiens et aux *cow-boys*. Apparemment, Jéhovah tolère les élastiques. Nous en profitons.

Ma mère ne nous suit pas souvent dans les bois. Là, les Indiens et les *cow-boys* se battent avec des arcs et des flèches que nous fabriquons et que nous cachons dans une cabane. Nous laissons donc libre cours à notre imagination d'enfant. Nous rentrons affamés, mais pas question de manger aussitôt la porte refermée ! À table, il faut baisser la tête et écouter la prière en salivant. En fermant les yeux, j'ai encore l'esprit occupé par les jeux et les expériences récentes que je viens de vivre et je n'écoute pas grand-chose. En effet, les Témoins sont fortement invités à remercier Dieu avant chaque repas car, dans la Genèse (1:29), Dieu explique qu'il a donné « toute herbe portant de la semence (...) et tout arbre (...) » pour notre nourriture.

La prière a une place importante dans notre semaine, y compris le dimanche, jour où nous retrouvons des gens que nous ne connaissons pas mais qui portent quand même le titre de « frère » ou de « sœur ».

– Nous sommes une très grande famille, nous informe maman.

Des gens viennent nous chercher pour aller aux réunions. Cela me semble normal. Je n'ai encore aucune idée de l'organisation implacable de la communauté qui se cache derrière cette sollicitude.

*

À la fin des vacances, la vie reprend entre l'école, la maison et les réunions. Nous nous rendons régulièrement dans un endroit qui s'appelle « salle du Royaume », au centre-ville, bien que ce royaume ne soit pas vraiment enchanté.

Je déteste l'odeur de la moquette rouge qui me pique le nez dès que j'entre dans cette grande pièce où il y a beaucoup de vieux. Les murs blanchis à la chaux sont froids et humides. Mes parents serrent la main de tous leurs frères et sœurs. Ensuite, il faut rester assis deux heures et écouter sagement des gens qui montent à l'estrade pour faire des discours sur des choses que je ne comprends pas. Avant de se séparer, les enfants ont enfin le droit de jouer ensemble pendant que leurs parents discutent de sujets sérieux et reçoivent des livres, des brochures, des tracts...

Un jour, mon grand frère qui entre dans l'adolescence a la permission de s'assoir avec les autres jeunes au fond de la salle. Il s'ensuit un grand pataquès quand on découvre qu'il a glissé une bande dessinée dans son exemplaire de *La Tour de garde*. *La Tour de garde*, c'est la revue des témoins de Jéhovah. Aujourd'hui, elle revendique d'être imprimée à « plus de 42 millions d'exemplaires » et d'être distribuée dans « plus de 236 pays et territoires ». Elle a pour but d'« expliquer ce qu'enseigne la Bible, en particulier sur le Royaume de Dieu ». En première intention, elle n'est pas du tout destinée à contenir un exemplaire de *Tarzan*.

Mon père se fâche tout rouge. Mon frère est privé de sorties. Il n'en est pas à sa première incartade. Quelque temps auparavant, fatigué à l'avance à l'idée d'« aller en prédication », il a carrément débranché le delco pour empêcher la voiture de démarrer.

Il n'est jamais à court d'idées. Nous sommes très complices. Par conséquent, je sais que, quand il m'ordonne de me taire, il est en train de manigancer un coup tordu pour ne pas aller à la salle ou partir prêcher. Je ne sais pas encore ce que « prêcher » signifie, mais ça n'a pas l'air d'exciter mon frère.

Globalement, mon aîné semble poser beaucoup de soucis à mes parents. Un jour, je surprends une conversation et j'apprends qu'il est tombé amoureux d'une fille « pas de chez nous », « une fille du monde ».

Cependant, mon père non plus n'est pas parfait. Il doit arrêter de fumer la pipe car « Dieu, dont le nom est Jéhovah, ne veut pas que nous soyons esclaves de pratiques qui pourraient endommager notre corps et corrompre notre esprit »[1]. S'il n'arrête pas, il sera exclu.

À petites touches, avec mon intuition d'enfant, je perçois une ambiance mystérieuse, tissée de secrets et d'interdits. Je sens de plus en plus que nous sommes différents. Je m'en rends compte notamment quand nous allons déjeuner chez nos grands-parents. Chez eux, on ne baisse pas la tête à table, au moment des repas, on ne prie pas et l'on ne parle SURTOUT PAS de Jéhovah. C'est arrivé à une reprise. Mon grand-père s'est fâché, et le repas a tourné court !

---

1. https://www.jw.org/fr/biblioth%C3%A8que/revues/wp20140601/bible-et-tabagisme/

3.
Des brebis et des chèvres

Certaines rencontres entre Témoins sont plus marquantes que d'autres. J'ai notamment le souvenir d'une grande assemblée internationale qui se tient à Colombes en août 1973. Je n'ai que cinq ans mais je revois parfaitement le stade rempli à craquer.

Les Témoins ont doublé leurs effectifs en moins de dix ans. Désormais, en France, nous sommes plus de 40 000. L'assemblée rassemble des délégations de différents pays. Nous côtoyons des Américains, des Africains, des Italiens, des Espagnols, des gens de toute origine et de toute sorte. Je me souviens d'un détail terrible : aller aux toilettes demande beaucoup de patience. L'attente est interminable.

Pour ne rien arranger, en dépit de la chaleur insoutenable, les discours s'enchaînent. Après chacun d'entre eux, les applaudissements de la foule immense éclatent comme une averse et me tirent un instant de ma somnolence.

*

Ce rassemblement est l'aboutissement d'une longue préparation. Dès le mois de mai, mes parents ont reçu les instructions pour s'organiser selon les directives énoncées par *La Tour de garde* du 15 mai 1973.

« LA VICTOIRE DIVINE » : tel est le thème des assemblées internationales que les témoins de Jéhovah organiseront en 1973. Ce thème est particulièrement stimulant, car nous sommes très près de la « grande tribulation ». Ces assemblées promettent d'être un festin spirituel particulièrement remarquable. Y serez-vous ?

Si vous vous intéressez à la victoire divine et aux bénédictions qu'elle peut vous procurer, nous vous encourageons à prendre dès maintenant des dispositions pour être présent à chaque session de l'assemblée. Autrement dit, il vous faut sans aucun doute prévoir vos vacances.

Dans la plupart des cas, les assemblées dureront cinq jours. Dans toutes les assemblées, le programme du matin commencera à 10 heures et durera trois heures. Puis, à 13 heures, il y aura une pause de deux heures durant laquelle les assistants pourront se rafraîchir ou prendre leur repas à la cafétéria. La dernière session de la journée commencera à 15 heures et se terminera à 17 h. 30. À quelques rares exceptions près dues à des circonstances imprévues, il n'y aura pas de session le soir.

Les délégués présents aux assemblées pourront donc rentrer tôt à leur logement, ce qui leur permettra de passer une bonne nuit de repos et d'être prêts pour la session du lendemain matin. Ils n'auront pas le souci de se déplacer de nuit dans les grandes villes, et particulièrement où cela n'est pas conseillé. Le soir, ils auront le temps de revoir les idées principales entendues à l'assemblée. Bien qu'aucune réunion pour le service du champ ne soit prévue dans les villes d'assemblée, de nombreux congressistes voudront passer le début de la soirée à inviter le public à assister à l'assemblée. D'autres le feront peut-être en s'y rendant, le matin.[1]

---

1. W73 15/5, pp. 316-317.

D'autres assemblées se déroulent en hiver. Celles-ci durent jusque tard dans la soirée et sont généralement concentrées sur un *week-end*. Pour l'assemblée d'été de 1973, les programmes sont intensifs. Moi, je n'écoute au mieux que d'une oreille. Je n'y comprends pas grand-chose mais je m'imprègne. Pour tuer le temps, je joue à prendre des notes comme les grands, je dessine ou je m'endors sur les genoux de mon père.

*

Les rassemblements ont lieu partout dans le monde. Celui de Colombes rencontre un succès retentissant. Mes parents sont fiers de voir qu'ils ont fait le bon choix religieux. En effet, si notre mouvement grandit, c'est la preuve que nous sommes le peuple de Dieu et que Jéhovah nous bénit. Je regarde autour de moi tous ces gens qui se saluent en souriant. Je me sens en sécurité.

Pêle-mêle, j'entends parler

- de Dieu, dont on dit qu'il s'appelle Jéhovah ;
- de Jésus, dont on dit qu'il est le Fils ;
- de la Bible, dont on dit que c'est le livre le plus répandu dans le monde ;
- de la prédication, dont on dit que c'est l'œuvre la plus importante ;
- des méchants, assez faciles à reconnaître, et c'est heureux car il faut les fuir : ce sont ceux qui ne sont pas témoins de Jéhovah ;
- des temps de la fin, dont on dit qu'ils sont proches ;
- d'Armageddon, dont on dit que c'est la guerre de Dieu ; et
- de la grande tribulation.

Pour les Témoins, cette expression désigne « la plus grande période de troubles que l'humanité ait jamais connue ». La grande tribulation marquera « les derniers jours ». La « fausse religion » sera détruite par l'Organisation des Nations Unies ; la vraie religion, elle, sera en péril, mais « Dieu protègera ses adorateurs de la destruction » ; Jésus jugera l'humanité entière « comme le berger sépare les brebis des chèvres » ; les chèvres seront détruites, comme sera détruit « le système politique mondial, représenté dans la Bible par une bête sauvage à sept têtes »[1].

À l'assemblée, mon vocabulaire s'enrichit d'heure en heure et de jour en jour. À Colombes, j'assiste, fascinée, aux drames bibliques. Ces moments sont très attendus par le public et surtout par les enfants. Ils mettent en scène des personnages des temps antiques. Les tableaux bénéficient de costumes, d'une musique et de bruitages impressionnants. On entend la voix de Jéhovah tonner dans les haut-parleurs lorsque Dieu s'adresse soit à Moïse, soit à l'un de ses prophètes. Je suis témoin de batailles terribles. Je découvre comment Dieu a exterminé les païens – donc ce qui attend les méchants quand l'heure (imminente) d'Armaggedon sera venue. C'est terrifiant et réconfortant à la fois, car nous savons que, nous, nous serons sauvés.

*

Jéhovah est désormais partie intégrante de ma vie. Il est mon second papa, voire mon premier puisque, au long de mon apprentissage, on m'apprendra à le faire passer avant tout.

---

1. https://www.jw.org/fr/la-bible-et-vous/questions-bibliques/grande-tribulation/

4.
Des morts sous mon lit

Septembre 1973. Je suis au cours préparatoire. Mes parents ont décidé de quitter la région parisienne pour s'installer plus près des parents de mon père – peut-être aussi pour éloigner mon frère d'un « certain milieu » et de son amoureuse suspecte.

Nous habitons un grand appartement. Il y a du marbre dans l'entrée, une immense cuisine qui plonge sur un petit jardin, et j'ai une chambre à moi. J'ai le sentiment de grandir dans le bonheur. Je suis bien.

Mon frère et ma sœur, en pleine adolescence, partagent la même chambre. Ils sont inséparables, lisent beaucoup, jouent de la guitare et chantent de concert. Je les regarde et me faufile avec eux dès que je le peux. Cependant, je sens comme une fracture naturelle entre nous.

Mon père est devenu cadre. Nous avons un certain confort de vie, mais papa est de moins en moins présent à la maison. Nos réunions avec les autres Témoins se déroulent dans une salle louée par la communauté. Nous y rencontrons beaucoup de jeunes de notre âge. Mon frère, qui avait donné du fil à retordre à mes parents, a enfin l'air heureux d'aller à la salle pour y retrouver ses copains. En surprenant des bribes de conversation entre mes aînés, j'apprends que mon « zozo » (c'est son surnom) est tombé amoureux d'une fille « de chez nous » et méprise les autres qui lui tournent autour. Chez nous, on ne *flirte* pas !

Moi, j'ai commencé ma carrière de bourreau des cœurs. Très tôt, j'ai été attirée par les garçons. Très vite, j'ai pris conscience de mon corps et, instinctivement, je n'ai pas eu envie d'en parler. Je grandis à mon rythme, en prenant à la vie, dès que je peux, ma part du gâteau. Je ne suis encore qu'une petite fille, protégée par ses secrets. Puisque personne ne sait que je sais ce que je sais, je cultive des fragments de cette innocence qui prend le temps de s'estomper à sa manière.

*

À cette période de ma vie, j'ai le sentiment confortable d'être maîtresse de mon destin. Je me sens proche des princesses sans avoir à subir les sorts qui leur sont souvent jetés dans les contes de fées. Jéhovah me protège des démons, du diable et des méchants. Je n'ai qu'à l'appeler pour qu'il réponde à mes prières, aussi simplement qu'il l'a fait en libérant Jonas de son cachalot, Daniel de la fosse aux lions ou le roi David de ses ennemis. J'ai appris qu'il n'y avait que deux « conditions principales » pour que mes prières soient entendues : prier Jéhovah et lui seul, et s'adresser à Dieu par l'entremise de Jésus Christ uniquement[1]. Fastoche ! Je n'ai donc peur de rien...

Régulièrement, quand mes parents se réunissent avec d'autres amis pour étudier la Bible, je comprends que Dieu est très puissant et qu'il va bientôt déclarer la guerre aux hommes méchants. Nous étudions un livre qui décrit ces choses terribles. Je suis fascinée par la force de Jéhovah et de ses anges. Ce sont eux qui retiennent les vents de la destruction sur le point de s'abattre sur la Terre.

---

1. https://wol.jw.org/fr/wol/d/r30/lp-f/1990040

Sur les dessins, je vois le trône de Jéhovah dans le ciel. Je vois Dieu entouré de millions d'anges qui chantent ses louanges. Je vois le char d'Ézéchiel, un prophète de Dieu, avec des roues qui peuvent partir dans quatre directions différentes, sur lesquelles sont dessinés des dizaines d'yeux parce que Dieu voit tout. J'observe Jésus en colère, tenant une épée dans une main et un sceptre dans l'autre, avec les quatre chevaliers de l'Apocalypse qui déversent le malheur sur la Terre.

Alors, je prie. Je prie pour que ce Dieu d'amour ne détruise pas le monde entier ou que, *a minima*, il sauve une copine que j'aime bien et mon petit copain de l'école. Ça ne suffit pas. Traumatisée par l'imminence de la fin des temps, je multiplie les cauchemars. Des cauchemars horribles. Profitant de mon sommeil, des morts sautent par la fenêtre et viennent se cacher sous mon lit jusqu'à ce que je me réveille en sueur...

5.
L'IMMINENCE DE LA FIN

En 1975, j'ai huit ans. J'ai compris que je suis membre d'un peuple spécial. Le concept est ancré dans mon esprit, mais c'est surtout dans mon cœur que mes parents souhaitent qu'il pénètre. Pour les complaire, je m'escrime à m'imprégner, au plus intime de moi-même, du contenu des discours que j'entends et des livres que je feuillette.

*

En général, un jeune témoin de Jéhovah sait lire très tôt. Les parents sont encouragés à s'occuper de leur progéniture et à leur faire une étude biblique dès le plus jeune âge. Dès cinq ans, un enfant peut être éduqué à mieux comprendre sa religion grâce, d'une part, à l'étude personnelle dans laquelle l'assiste l'un des parents, et, d'autre part, grâce aux réunions auxquelles il assiste trois fois par semaine. Dans les années suivantes, cette incitation jéhoviste à la précocité continuera de croître quand des découvertes scientifiques prouveront que l'on peut communiquer avec son enfant et le préparer à développer son cerveau en le stimulant.

Je me souviens de tous ces moments passés avec ma mère, pour apprendre à lire et à écrire avant même d'aller à l'école. J'ai découvert l'effort à fournir pour réussir à tracer de belles lettres. J'ai été initiée à la magie de l'assemblage des lettres pour former des mots, puis des phrases. Des phrases qui expliquent des choses... Lire, c'est féérique !

*

Je veux toujours être la meilleure, mais on me met en garde : ce souci relève de la compétition. J'ai l'impression que c'est mal. En revanche, pour Jéhovah, je ne dois jamais relâcher mes efforts. Il faut lui plaire tous les jours. C'est très important.

Ma mère, elle, s'est appliquée à réparer son histoire. Elle est très heureuse aussi de mettre en pratique les conseils de la Bible qui valorisent son rôle. Elle s'est mariée à 21 ans, la majorité de l'époque, et a eu mon frère à 23 ans, puis ma sœur deux ans plus tard. J'ai été « le petit accident » arrivé à l'heure où l'avortement n'était ni autorisé, ni envisagé, ni remboursé par la société. Une mère de famille ne se posait pas de questions quand on lui annonçait l'arrivée d'un enfant. D'ailleurs, même si elle est arrivée fortuitement et même si je les entends parler de ce « qui n'est pas arrivé comme prévu », cette grossesse a finalement rempli de joie mes parents.

Enfant unique, mon père n'est pas mécontent d'avoir fondé une famille presque nombreuse. Le sens des responsabilités prime encore sur le confort personnel de l'individu, et les Témoins tiennent en très haute considération l'idée d'exemplarité.

Maman nous fabrique des jouets en tissu et en bois. Ingénieuse, elle me coud des poupées grandeur nature et prépare toujours de merveilleux gâteaux. Elle a une âme d'artiste et me répète souvent la chance que j'ai d'être née témoin de Jéhovah.

*

1975 est une année cruciale pour les fidèles. Le nombre de membres explose. Plus de cent mille personnes viennent assister au mémorial car cette année est à marquer d'une pierre blanche : d'après de savants calculs, Adam aurait été créé voilà six millénaires. Cela signifie que la période de la création est achevée. Les Témoins s'attendent donc à ce que quelque chose arrive.

Quelque chose de dramatique.

Tous les discours portent sur « les temps de la fin », « la grande tribulation », la guerre de Dieu et la séparation des brebis et des chèvres. De nombreux versets sont utilisés pour expliquer la cohérence des événements marquants les plus récents. Ils sont perçus comme autant de signes annonciateurs de l'imminence d'un changement radical. Armageddon pourrait même se déclencher pendant le mémorial, ne serait-ce que pour une raison pratique : à l'occasion de cet événement, les Témoins sont réunis le même jour à peu près à la même heure, selon le coucher du soleil. Alors, qui sait ? Jéhovah pourrait fort bien envoyer ses anges détruire l'humanité en épargnant le peuple élu, rassemblé pour lui ce jour-là...

Les congrégations bruissent de rumeurs ; et peu importe si, *in fine*, rien n'a changé à la fin de 1975. L'important est que les discours aient atteint leurs objectifs : transformer des chèvres en nouvelles brebis. Ces ouailles fraîches ont frémi en écoutant les prophéties ; elles ont tremblé d'émotion en découvrant l'appel du berger ; et, en attendant le jour et l'heure que choisira Jéhovah, elles sont avides de suivre le chemin tracé par la Watchtower.

6.
L'origine des guerres

J'aime bien le mémorial. Déjà parce que c'est la seule fête autorisée par les Témoins ; et aussi parce que j'ai l'occasion de me mettre sur mon trente et un, donc de chausser mes souliers vernis noirs préférés. Dans cet accoutrement pimpant, je ressemble aux petites filles modèles qui plaisent tant à ma mère !

Je ne m'embellis pas pour moi ; il s'agit d'abord d'honorer Jéhovah. Le mémorial a beau être une fête, c'est surtout un moment solennel. On y célèbre la mort de Jésus qui a donné sa vie pour nous mais j'ai du mal à comprendre pourquoi se réjouir de la mort d'un fils qui donne sa vie par amour pour son père, surtout pour sauver le monde entier, qui en grande partie, l'a rejeté ! Néanmoins, puisque mes parents y croient, j'y crois aussi.

La foi n'est pas une science. Pour croire, il n'est pas toujours nécessaire de comprendre. Même si la foi traite de sujets complexes, elle « n'est pas incertaine, mais confiante et convaincue ». Il est logique que de faibles humains n'aient pas l'intelligence divine ; mais il est sain d'agir dans l'espérance céleste en cherchant à « être agréable à Dieu sans l'espérance d'une récompense ».

*

Au mémorial, il y a les membres oints qui m'intriguent encore plus que les autres. Il paraît que ces gens, bien qu'ils ressemblent à de faibles hommes, iront directement près de Jéhovah après leur mort, avec Jésus et les anges. Ce sont les « 144 000 Israélites spirituels »[1], qu'un passage du livre de la Révélation et de l'Évangile de Matthieu a révélés à la Watchtower. Je découvre que, même si, à la fin des temps, nous formerons tous un seul troupeau, il y a deux sortes d'élus : les 144 000 membres oints, et les autres, nous, « la grande foule » qui restera vivre sur Terre pour toujours, dans le Paradis.

Dès lors, je m'interroge. Qui suis-je ? Suis-je, moi aussi, quelqu'un que Dieu choisira pour être emmenée au ciel afin de régner aux côtés de son fils ? Comment le discernerai-je ? Vais-je ressentir un jour, l'appel de Dieu ?

Je regarde les livres où sont dessinés des tas de personnages, de mille couleurs, rassemblés pour louer Jéhovah dans ce paradis qui, pour moi, ressemble à un conte de fées. Ils caressent des lions couchés à leurs pieds. Il y a des arbres fruitiers partout, des rivières abondantes. C'est ça, le paradis : un endroit où l'on peut manger à satiété, aller se baigner et grattouiller des fauves.

*

Pendant le mémorial annuel, deux verres de vin et une assiette remplie de pains plats sont posés sur la table ornée d'une belle nappe blanche. Ça me rappelle une scène que j'ai vue à la télévision, chez mes grands-parents, quand ils regardaient la messe du dimanche. La comparaison est cruelle. Franchement, je préfère les églises à nos salles de réunion. J'aime les belles choses et, quand je vois à l'écran, l'intérieur d'une chapelle ou d'une cathédrale, les

---

1. https://wol.jw.org/fr/wol/d/r30/lp-f/1973885

croix dorées, sculptées et décorées de pierres précieuses, les statues, les prêtres habillés comme des princes, les vitraux, les somptueux tableaux accrochés à des murs immenses ; quand j'entends sonner en majesté les tuyaux de l'orgue ; quand la voix des chanteurs me saisit, je ne peux m'empêcher de comparer avec ce que nous vivons dans nos assemblées… et être un peu déçue !

Mes parents m'expliquent que, au contraire, le grand tralala des églises éloigne de la vérité de Dieu. Ces fioritures n'ont rien à voir avec la Bible. Notre Organisation est sans pitié contre l'Église catholique qu'elle accuse d'être la fille du diable. Je dois me méfier des fausses religions et des séductions que Satan utilise pour nous tenter. Surtout, je dois retenir un principe inébranlable : ce menteur trompe tout le monde. Sauf nous.

*

Satan est toujours dans un coin de ma tête.

En feuilletant les publications que l'on me donne, je regarde, fascinée et intriguée, les dessins de « la bête écarlate » à sept têtes et dix cornes. On m'explique

- que le monstre représente les organisations humaines ;
- que la femme très maquillée et dévêtue qui se pavane dessus, est une prostituée, à l'image des fausses religions ;
- que cette femme représente Babylone la Grande, symbole des fausses religions que Dieu rejette ; et
- qu'elle incite à adorer d'autres dieux que Jéhovah, ce qui n'est rien moins que de la « prostitution spirituelle », et ce qui est « à l'origine des guerres et des actes de terrorisme »[1].

---

1. https://www.jw.org/fr/la-bible-et-vous/questions-bibliques/babylone-la-grande/

On m'explique encore beaucoup de choses qui entrent comme elles peuvent dans ma petite tête d'enfant et s'y entassent pêle-mêle. Je suis ébranlée. Une petite fissure apparaît en moi.

À l'école, mes copines parlent de catéchisme, de curé, du fait qu'elles sont catholiques. Moi, je ne dis rien – et un petit secret de plus ! J'observe. J'analyse. Je sais que, tôt ou tard, je devrai prendre parti. L'issue me semble inéluctable. Il me faudra soit rafistoler la fissure, soit accepter qu'elle devienne une fracture ; et, à vrai dire, quoique je n'évalue pas pleinement les conséquences de chacune de ces deux hypothèses, je n'ai pas le moins du monde hâte de devoir trancher.

7.

LE CONFORT DE LA CERTITUDE

1976.

Ma mère m'appelle Sarah Bernhardt parce que j'adore me déguiser. J'ai tendance à imiter ses amies, surtout celle qui fume avec son porte-cigarette en prenant de grands airs. Mais ma mère s'est disputée avec elle. Alors nous n'irons plus chez Françoise. Pourquoi ? Ma mère m'explique que tout le monde ne pense pas comme nous, et on en reste là.

*

C'est la canicule. Le pays est frappé par la sécheresse. Suivre l'assemblée est particulièrement difficile. Le thème de cette année est la souveraineté divine. On annonce une assistance de 3 360 000 personnes dans 96 pays. Les Témoins sont de plus en plus nombreux. La promesse hasardeuse de la fin des temps pour l'année précédente n'a pas freiné le mouvement. Même les journalistes sont sous le charme. *Le Monde* envoie Marcel Soulé à l'assemblée de Limoges. Visiblement, le journaliste est plutôt séduit.

Des trois mille Témoins venus de dix-sept départements, il retient que beaucoup sont venus en famille, s'extasiant devant le « *parking* de voitures d'enfant ». Il retranscrit les propos du « chargé des relations avec la presse » de l'assemblée, qui insiste sur l'importance de l'étude de la Bible, chez les Témoins, non pour elle-même mais pour mettre la parole en pratique. Marcel Soulé pointe aussi l'habileté sémantique des organisateurs (« pas de collecte, mais des "boîtes de participation" sont disposées çà et là pour recevoir des dons volontaires »). Il détaille le coût de l'événement et le prix des repas « préparés par des volontaires ». Il s'attarde sur les conditions exigées des « candidats au baptême par immersion » (être vêtu d'un maillot de bain et muni d'une serviette). Pour lui, le succès du mouvement est lié à son conservatisme. En valorisant l'ordre et la famille, les Témoins profitent d'une « crise de civilisation » et d'un « besoin manifeste, surtout chez les jeunes, de sécurité, de certitude, de points de repère dans un monde qui se dérobe sous leurs pieds »[1].

D'autres journalistes viennent interroger les représentants désignés pour leur répondre. Ils décrivent ce qu'ils voient et reproduisent le communiqué de presse qui leur a été adressé. Ils sont bien accueillis, comme tous ceux qui veulent se joindre au public, et ils voient ce qui leur est suggéré de voir.

C'est d'autant plus facile que les Témoins ne sont pas des gens extravagants ou bizarres. Ce sont simplement des fidèles accompagnés de leurs enfants, correctement habillés, polis, soucieux des autres, heureux d'être ensemble, convaincus de vivre les temps de la fin et d'être le peuple qui va guider un maximum de personnes vers la vérité en les exfiltrant de leurs fausses croyances afin qu'ils entrent dans la seule et unique vraie religion. Comme tous les fidèles de tous les cultes, ils savent que leur foi est la seule véritable car il n'y a qu'un Dieu : le leur.

Partant, leur mission est de détourner les autres croyants de leurs errements et de convaincre les athées de l'existence de Jéhovah. Un Témoin garde constamment à l'esprit qu'il faut

---

1. https://www.lemonde.fr/archives/article/1976/08/07/les-temoins-de-jehovah-ordre_2963665_1819218.html

construire une arche symbolique, y inviter les gens du monde, prêcher ceux qui viennent se moquer, gagner l'Organisation quand Dieu l'ordonnera, et constater que, à la fin, Jéhovah détruit les méchants, c'est-à-dire ceux qui ne sont pas entrés dans l'arche. Un peu de justice, que diable !

*

Tout va pour le mieux dans ma petite tête, jusqu'à ce que, un jour, un documentaire dévoile l'histoire d'une famille composée de témoins de Jéhovah qui a refusé une transfusion de sang pour leur enfant. L'enfant en est mort.

Je me souviens très bien de ce reportage que nous sommes allés regarder avec mes parents chez la voisine, une vieille dame catholique qui nous apprécie. Furieux du contenu du reportage, mes parents ont tenté de rétablir la vérité en expliquant les principes jéhovistes à cette âme charitable, mais cela a jeté un froid. Par la suite, nous nous contenterons de nous saluer de loin. Quelque chose s'est brisé, qui s'appelait cordialité.

Au niveau national, ce drame résonne avec force. Les témoins de Jéhovah accusent le coup mais tentent de transformer le drame en encouragement. En effet, qu'ils soient pointés du doigt démontre qu'ils sont persécutés. Ils en concluent qu'ils vivent ce que Jésus a vécu.

À l'école, on se met à parler des témoins de Jéhovah, comme d'« assassins ». Je ne proteste pas. J'ai vite compris que j'avais intérêt à rester discrète. Pas question d'admettre que ma famille fait partie d'une secte.

Cependant, l'anathème a été lancé. Les Témoins sont catalogués comme sectaires, un mot que chacun définit à sa façon. Pour beaucoup, il désigne avant tout des gens qui refusent de soigner leurs enfants. Je constate alors que les gens en profitent pour exagérer les faits.

Pourtant, je suis choquée par le drame. Cette histoire tragique fragilise mon rapport à Jéhovah. Et pour cause : j'ai à peu près l'âge de la fillette qui est morte. Pas difficile de m'identifier à elle, et de me demander pourquoi Jéhovah a édicté les principes qui l'ont tuée. Mais, même si je ne comprends pas ce qui s'est passé, je m'efforce de croire.

– Tout est une question de foi, ne cessent de me répéter mes parents.

*

Pour obtenir la vie éternelle et entrer dans le paradis, je dois respecter l'intégralité des commandements de Jéhovah jusqu'au terme de ma vie terrestre, car la mort n'est pas la fin. Nous croyons à la résurrection. Nous croyons au paradis qui nous attend. Face au monde qui ne comprend pas l'importance de la foi et ses enjeux, nous ne devons pas discuter, nous justifier ou négocier. Nous devons rester fermes dans notre fidélité à Dieu. Pour mes parents, c'est Jéhovah, le chef. Les hommes du monde ne sont que des agents de Satan.

Par leurs affirmations, leur assurance, leur insistance, mes parents m'ont convaincue. Peu à peu, mes interrogations s'effacent. Je ne chancelle plus. J'épouse leurs certitudes. Elles ne sont pas plus convaincantes que mes doutes, mais elles sont plus rassurantes, presque plus confortables. Je comprends que mes parents n'hésiteraient pas à refuser de me sauver sur cette Terre si je me retrouvais dans une situation de ce genre. On m'explique aussi les principes bibliques du sang, de l'âme qui se trouve dans le sang, le caractère sacré de celui-ci. On ajoute que Jéhovah, notre créateur, sait mieux que les hommes ce qui est bon pour nous. Au pire, tant qu'on ignore certaines choses, il faut avoir confiance en lui car il ne peut se tromper.

8.
L'insidieux danger de la Vache-qui-rit

Pendant les vacances, après l'assemblée de district, nous logeons chez des amis témoins de Jéhovah. Ils reçoivent chez eux d'autres Témoins afin de prêcher sur un plus vaste territoire, dans la campagne lyonnaise. Mon frère peut ainsi se lancer dans la prédication.

Les Témoins revendiquent l'importance, la nécessité et l'urgence du prosélytisme. Parmi l'ensemble des religions, « ce qui nous caractérise sans doute le plus, c'est notre œuvre d'évangélisation mondiale ». Tous, nous pensons que « les enseignements bibliques sauvent des vies »[1]. D'où l'importance d'aller vers le monde pour annoncer la parole de *notre* dieu.

*

La famille où nous logeons se distingue de celles que je connais. Elle est riche.

Trrrrès riche.

Selon mes parents, le couple de propriétaires a « mené une vie de patachon » avant de se réfugier dans la religion. Est-ce ce souci de rattraper le temps perdu ? d'effacer les fautes commises jadis ? de

---

1. https://www.jw.org/fr/biblioth%C3%A8que/revues/wp20150901/evangelisation-des-temoins-de-jehovah/

démontrer la sincérité absolue de leur engagement ? Rapidement, nous détectons chez eux une sorte de fanatisme.

Nous ne formons pas une famille ultra permissive. Jéhovah accompagne chacune de nos actions et de nos pensées, mais il nous arrive – mes parents y compris – d'assumer de mini pas de côté. Chez nos hôtes, l'obsession jéhoviste va beaucoup plus loin. Elle se niche jusque dans des détails (le lieu de Satan par excellence, paraît-il), auxquels mes parents n'avaient jamais pensé.

Par exemple, nos hôtes ouvrent les boîtes de Vache-qui-rit pour vérifier si les petites bandes dessinées à l'intérieur sont sans danger pour leurs enfants. Ils nous mettent en garde contre les bandes dessinées et les dessins animés, notamment de Walt Disney. En particulier, les sorcières risquent de pervertir l'esprit des enfants. Nos hôtes parlent de messages subliminaux, de campagnes de subversion, de volonté de corrompre la jeunesse par une propagande maléfique. Quand nous nous contentons de redouter la main du diable, eux la voient partout, partout, partout.

En dépit de nos points communs, nous sommes finalement assez dissemblables. J'ignore comment mes parents les ont rencontrés – certainement lors d'une assemblée ou grâce à des projets destinés à développer la prédication.

Assez vite, au cours de notre séjour, les choses tournent mal. Tensions, explications, critiques rendent la situation invivable. Mes souvenirs sont flous sur ce qui s'est passé ensuite. Aujourd'hui, je ne sais plus comment mes parents ont réagi. Je pense que nous sommes rentrés à la maison. Longtemps, je n'ai plus entendu parler de ces gens, mais cette expérience m'a démontré que tous les Témoins, bien qu'ils forment un même peuple, ne pensent pas à l'unisson.

Je n'ai pas gardé la mémoire de mes premières « sorties en prédication », sinon que j'ai commencé en douceur. Mes parents n'étaient pas vraiment favorables à ce que de jeunes enfants se retrouvent derrière des portes. Jésus a prêché après son baptême, à trente ans, et ses disciples étaient plus âgés que lui. Néanmoins, la politique jéhoviste est sans ambiguïté : il faut entamer la prédication dès le plus jeune âge ce qui permet de nous habituer au plus tôt à l'œuvre de prédication.

Dès lors, il m'arrive de prêcher avec mon père. Quand les palabres n'en finissent pas, je me tortille d'impatience et vais m'assoir discrètement dans les escaliers où j'entends les questions que les gens posent puis les réponses qu'offre mon père. Je m'habitue aux échanges sur notre foi. Je comprends qu'il faut convaincre les autres – non pour nous mais pour leur salut – que nous avons raison, que Dieu va bientôt détruire les méchants et qu'il faut devenir témoin de Jéhovah pour être sauvé.

C'est pourtant simple ! Il n'y a qu'une vérité, et c'est nous qui la détenons. En plus, nous mettons tout en œuvre pour que chacun en bénéficie. Pourquoi les chèvres ne nous écoutent-elles pas ?

9.
LA FOLIE DE LA JOIE

En 1977, tout se complique.

Je vais avoir dix ans. Maman m'annonce qu'elle va partir.

– Comment ça, « partir » ?

J'entends les mots « divorce », « voyage », « nouvelle vie ».

– Tu aimes bien Jean-Pierre ? me demande maman.

Jean Pierre est un ami de mes parents qui vient souvent à la maison avec Annie, sa femme. Oui, j'aime bien Jean-Pierre. Il est très gentil avec moi et n'a pas d'enfant. Ma mère m'explique justement que ce sera mon deuxième papa. Bientôt, nous allons vivre ensemble, lui, maman et moi. Mon frère s'est pris un studio, ma sœur habitera chez mon père et moi j'ai l'impression d'être sur le point de me lancer dans une nouvelle aventure. Je ne comprends pas ce dont me parle ma mère, à part le fait que Jean-Pierre va s'occuper de moi.

Pourtant, depuis quelque temps, les choses ont changé à la maison. Mon frère est parti. Il consacre son temps à prêcher. Il a passé son permis et dispose d'une Simca 1000 pour élargir son territoire de prêche. Nous sommes très fiers de lui. Je l'ai entendu parler avec ma sœur. Quoique je joue encore à la poupée, j'ai l'habitude d'avoir les oreilles qui traînent. Je les ai entendus critiquer l'attitude de ma mère. Ils ne la supportaient plus.

Je me souviens que cette conversation m'avait peinée.

*

L'annonce de ma mère me surprend, mais je suis heureuse de la voir heureuse et, puisque tout semble organisé, je ne pose pas d'autres questions. Donc, un jour, je me retrouve dans un motel, au bord d'une piscine, avec ma mère et son amant.

Je suis un peu triste de m'éloigner encore de mon frère et d'être séparée de ma sœur, mais j'ai conscience que la coupure entre nous n'est pas nouvelle. Elle a commencé à leur adolescence. Nous ne jouions plus ensemble comme avant.

Et puis, je vois immédiatement les côtés positifs à la situation. Je vais avoir maman pour moi seule, et un deuxième papa pour s'occuper de moi. Pourquoi m'inquiéterais-je ?

*

Depuis la non-transfusion mortelle, les journaux sont moins amènes avec les témoins de Jéhovah. Des articles de plus en plus nombreux nous dénoncent comme secte et taxent notre façon de vivre de « fanatique ». Cela inquiète les adultes mais leur prouve, selon leur rhétorique habituelle, qu'ils sont les vrais chrétiens, puisqu'ils sont persécutés.

Ma mère a prévenu la directrice que j'allais quitter l'école avant la fin de l'année. Les maîtresses me regardent d'un air navré et font preuve d'un peu plus de gentillesse qu'auparavant.

Moi, je suis contente de partir. L'école non plus, ce n'est plus comme avant. Je suis grondée pour un oui, pour un non. Mes camarades font des choses qu'il ne faut pas faire. Ils disent des gros mots. Ils fêtent Noël et leurs anniversaires. À chaque rentrée, ils parlent des cadeaux qu'ils ont demandés puis de ceux qu'ils ont reçus, du sapin qu'ils ont décoré, des fêtes qui égayent leur maison. Quand, agacé ou rendu curieux par mon silence, on me presse de questions, je mens. En réalité, je mens à moitié parce que, même si on ne fête pas Noël ou les anniversaires de naissance, papa ramène des cadeaux du comité d'entreprise. Il me les donne un autre jour que le 25 décembre, et le tour est joué. Grâce à ce subterfuge, je peux feindre d'être presque comme les autres.

« Presque » néanmoins, car mes parents m'ont expliqué en quoi nous sommes différents. J'ai écouté et j'écoute encore, mais une petite voix intérieure me souffle que, au fond, j'aimerais être née dans une famille normale... ne serait-ce que pour les anniversaires. Ç'a l'air chouette, les anniversaires ! Comme, non, c'est mal, je dois inventer des tas d'excuses pour refuser les invitations. Maman m'aide et répond elle-même aux parents de mes camarades, ce qui lui permet de faire ce qu'elle appelle « du témoignage informel ».

Bref, je suis soulagée de partir. À la rentrée de septembre, j'entrerai en CM2 dans une autre école, dans une autre ville. Pour m'encourager, on m'informe que je vais pouvoir monter à cheval. J'irai tous les samedis au club équestre apprendre l'équitation. Je suis folle de joie ! J'aime tellement les chevaux que le reste n'a guère d'importance.

10.
LA PEUR AU VENTRE

Après notre départ, maman et Jean-Pierre ont été exclus de la congrégation. Nous n'assistons plus aux réunions. C'est le temps des vacances et de l'insouciance. Malgré des tensions palpables et les problèmes de grands, je m'amuse.

Notre logement transitoire est situé dans un grand immeuble et, pour me libérer des discussions pesantes, je file dès que je le peux rejoindre les petits jeunes de mon quartier. Nous faisons du vélo dans l'espace privé des immeubles et naviguons sur les parcours créés à cet effet. En pédalant, nous discutons. J'entre alors dans une sorte de compétition sportive avec les garçons. J'ai beau être une fille, je n'aime pas être laissée pour compte. Ces moments m'apprennent à quel point j'aime à cohabiter avec des esprits différents. Les enfants du monde m'intriguent, mais je ne cherche pas à leur dire qui je suis vraiment.

*

À la rentrée, je découvre ma nouvelle école. Elle est beaucoup plus grande que la précédente. Je reste déjeuner à la cantine. C'est nouveau. J'aime bien.

*

Maman et Jean-Pierre décident de retourner à la salle. Nous arrivons après le premier cantique et nous repartons avant la fin. Ils n'ont le droit de parler à personne. Ils peuvent juste assister, écouter, puis ils doivent s'en aller. Ils sont « mis à l'épreuve ».

Pendant plusieurs mois, je reste seule pour discuter avec les autres enfants pendant que mes parents m'attendent dans la voiture.

*

Quand Noël arrive, la maîtresse a mis un sapin à côté de l'estrade. Tous les élèves sont conviés pour le décorer. Horreur ! Je ne peux pas trahir Jéhovah, surtout que ma mère et Jean-Pierre ont déjà fauté et aspirent à être réintégrés. Je dois faire quelque chose. Alors que les élèves rejoignent la maitresse, je reste assise à ma place. Ce qui va se passer, nous l'appelons « rendre témoignage ».

Constatant que je n'ai pas bougé, la maîtresse me lance :

– Pourquoi restes-tu à ta place ? Viens avec tes camarades !

Je secoue la tête et je dis, la peur au ventre et la gorge nouée :

– Je ne peux pas. Je suis témoin de Jéhovah.

On me pose des questions. La maitresse essaye de reprendre la main et répond à ma place. Des enfants demandent :

– C'est qui, Jéhovah ?

D'autres soufflent le mot « secte ».

À la récréation, je suis privée de préau. Je dois rester avec la maîtresse qui a l'air embarrassée et essaye de me raisonner. La suite est floue, mais je n'oublierai jamais le regard gêné de mon petit camarade Témoin, fils d'ancien. Lui n'a pas osé résister à la pression du groupe. Je me suis rendu compte que je pouvais être forte et j'en ai éprouvé une sorte d'extase.

Quand elle apprend la nouvelle, maman est très fière de moi. Elle m'annonce par la même occasion que je n'aurai pas à retourner dans cette école car nous allons redéménager. Jean-Pierre et elle ont déniché une maison à la campagne.

En janvier, j'irai donc dans une nouvelle classe unique comprenant les petits du CP à mon niveau de CM2. Je ne monterai plus à cheval le samedi mais, puisque nous allons habiter à la campagne, peut-être que maman m'achètera un cheval ? Un poney ?

11.
LE TRIBUNAL DE DIEU

Ni cheval, ni poney : ce sera un mouton.

J'ai beaucoup d'espace et un joli petit animal. J'en oublierais presque que, à onze ans, je n'ai toujours pas eu d'anniversaire. C'est non négociable. Nous sommes les chrétiens originels. Notre culte est pur. Hors de question de faire des compromis. On ne négocie pas avec Jéhovah. On obéit pour obtenir la vie éternelle.

Fuyant les cultes païens, nous obéissons à Dieu seul car nous avons compris, grâce à son Esprit Saint, que Satan égare l'ensemble des hommes... sauf nous. La chape qui pèse sur moi me paraît parfois lourde à soulever. Un truc cloche. Jésus n'a-t-il pas dit que son joug était bon et son fardeau léger (Mt 11:28-30)[1] ?

*

En grandissant, je comprends mieux pourquoi je n'ai pas le droit de fêter mon anniversaire. « Le jour de la mort vaut mieux que celui de la naissance », dit la Bible au premier verset du septième chapitre de l'Ecclésiaste. En effet, un enfant arrive au monde nu, mais il meurt avec une réputation qu'il s'est construite. De surcroît, les deux seules fois où un anniversaire est célébré dans la Bible, il s'agit de celui d'un roi non fidèle à Dieu, et un meurtre est commis ce jour-là.

---

1. https://wol.jw.org/fr/wol/d/r30/lp-f/1970723#h=3

Expliquer n'est pas forcément convaincre ; comprendre n'est pas forcément adhérer. Du haut de mes onze ans, cette explication, je la trouve tirée par les cheveux. Je râle même à son sujet dès que l'occasion s'en présente. Hélas, les habitudes sont ancrées, les sermons rodés, de sorte que j'ai l'impression d'être la seule à voir là une incongruité capillotractée.

Mon frère m'explique en détail chaque principe biblique afin que je ne m'oppose plus à l'enseignement prévu pour me « construire ». Toujours revient la même chanson : il faut rester « séparée » du monde, « vivre dans le monde » sans en faire partie. Or, les anniversaires de naissance sont une bonne occasion de prêcher et de « rendre témoignage » de notre foi pour éclairer les « gens du monde aveuglés par le Diable »... Dès lors, bien que je les envie, je regarde avec pitié (voire de travers) ceux qui ne comprennent rien à la justice divine et aux projets de Jéhovah pour l'humanité. Mais à mon âge, il y a un temps pour froncer les sourcils et un temps pour s'amuser – le second projet est un peu plus enthousiasmant !

*

Cette même année, j'assiste au remariage de ma mère avec Jean-Pierre. Il n'y aura pas de mariage religieux car ils sont encore exclus. Néanmoins, dans leur esprit, le mariage civil atténue leur état de péché.

*

Depuis quelques mois, je ne vois plus mon père. Les disputes incessantes et les crises de ma mère à chaque fois que je revenais de chez lui étaient insupportables.

– Il te pousse contre nous ! m'avertit-elle. Lui qui ne s'est jamais soucié de ton éducation, il se sert de toi pour nous faire du mal !

Le crime de mon père ? M'apprendre que je ne dois pas faire la prière avec ma mère et son nouveau mari. En effet, dans la mesure où ils sont exclus, Jéhovah ne peut pas les bénir et, par voie de conséquence, Jéhovah ne peut pas me bénir non plus. Je dois donc prier, oui, mais avant ou après, pas en même temps que ces renégats. Il ne m'est pas venu à l'esprit que j'aurais eu meilleur compte de feindre de prier avec eux, et de prier à part. Dans sa grande sapience, Jéhovah, qui voit le fond de nos cœurs, aurait compris et m'aurait pardonnée.

Hélas, trop heureuse que mon père s'occupe de moi, j'ai appliqué à la lettre les consignes, et les repas ont tourné au drame. Ma mère se sentait coupable et cherchait des responsables. Elle pleurait souvent. Elle se lamentait d'avoir péché, puis se repentait avec fougue... et en profitait pour lâcher des horreurs sur mon père et leur relation. Elle n'épargnait pas plus ma belle-mère, une femme sans enfant qui voulait lui voler les siens.

Sa stratégie a payé. J'ai décidé de ne plus aller voir le fautif pour éviter de subir ces crises à mon retour. Je me promets de me protéger et, dans la mesure du possible, de ne plus faire de la peine à personne.

*

Être réintégrés, c'est la grande affaire de ma mère et de Jean-Pierre.

De fait, « quelqu'un qui a été excommunié mais qui manifeste un désir sincère d'appliquer les principes de la Bible » peut redevenir témoin de Jéhovah. Pour y parvenir, il faut prouver son « attachement à Dieu »[1].

----

1. https://www.jw.org/fr/temoins-de-jehovah/faq/excommunication/

Ils ont du travail, car les anciens les soupçonnent d'avoir commis « le péché impardonnable », *id est* d'avoir « péché contre l'Esprit ». Certes, Dieu comprend les faiblesses des hommes. Aussi peut-il pardonner certains péchés. Néanmoins, aux yeux des anciens, Jean-Pierre et ma mère ont prémédité leurs relations, jeté l'opprobre sur la congrégation, détruit deux familles et trop longtemps caché leurs petites manigances. Pour les puristes, ça fait beaucoup.

En apprenant leur supposition, ma mère a fondu en larmes et s'est emportée contre ces goujats qui se permettaient de la juger. Sa réaction s'est ajoutée à la liste des griefs.

Contre vents et marées, ma mère n'accepte pas les reproches qui lui sont opposés. Tantôt, elle tempête contre ces hommes qui l'éloignent de Jéhovah sans tenir compte de son désir sincère de rédimer son lien avec Lui ; tantôt, elle vilipende mon père pour justifier de l'avoir quitté. J'ai onze ans et je m'échine à la défendre et à la rassurer.

Dans mon for intérieur, je trouve étranges et injustes les hypothèses, explications et arguties avancées par les anciens pour continuer de l'humilier. Pourquoi en rajouter ? Être exclu est une épreuve suffisante en soi. Aucun Témoin ne fréquente un exclu ni ne lui adresse la parole. Le premier Livre de Paul aux Corinthiens le dit sans détour : il faut « enlever le méchant du milieu de vous ». Et comme ma mère et Jean-Pierre ne fréquentaient que des Témoins, à part nos voisins, les voilà seuls et tristes.

*

Je sais ce qu'éprouve ma mère car, quelques années plus tôt, nous avons vécu semblable séparation par procuration.

La demi-sœur de ma mère avait quitté l'Organisation. Nous avions continué de la voir. Ce n'était pas la seule entorse que mes parents s'autorisaient vis-à-vis des injonctions, commandements et directives comminatoires pesant sur les Témoins.

Néanmoins, comme souvent dans *La Tour de garde*, est paru un article sur les risques qui existent à côtoyer des exclus – risque pour la foi des bons Témoins, d'une part, car elle risque d'être corrompue ; et, d'autre part, risque pour les exclus eux-mêmes. Le raisonnement, pour ainsi dire, est le suivant : comment les exclus reviendraient-ils si l'on ne coupait pas les ponts avec eux ? Comment comprendraient-ils la gravité de leurs actes s'ils pouvaient garder un lien avec leur famille ? Oui, les obliger à prendre de la distance est cruel ; mais cette cruauté, qu'ils ont provoquée, vise à les aider à prendre conscience de la gravité de leur faute et, par conséquent, à les inciter à entreprendre vaillamment le long chemin de rédemption qui les attend et qui leur permettra d'être, un jour, réaccueillis.

Reste que la radicalité d'un tel commandement posait un problème : il n'était pas toujours appliqué à la lettre. En effet, rares sont ceux qui peuvent se vanter de ne pas avoir un exclu dans leur entourage. Alors, on esquivait, on obéissait puis on désobéissait, on cherchait de petits arrangements et l'on se flagellait la conscience lors de grandes discussions sur le sujet nourries par ce genre d'article...

> À notre époque, l'infidélité dans le mariage n'est pas acceptable parmi les témoins de Jéhovah, et elle est assez rare. Mais imagine qu'un chrétien baptisé, homme ou femme, commette l'adultère (trompe son conjoint) avec le conjoint de quelqu'un d'autre, et divorce pour se remarier avec cette personne. Si ce chrétien ne se

repent pas, il sera excommunié[1] pour que la congrégation reste pure (1 Corinthiens 5:11-13). Il devra produire « des fruits (des actions) qui conviennent à la repentance » pour être réintégré (de nouveau accepté dans la congrégation) (Luc 3:8 ; 2 Corinthiens 2:5-10). La Bible ne précise pas combien de temps doit passer avant que ce pécheur ne soit réintégré. Il lui faudra peut-être un an ou plus pour prouver qu'il s'est vraiment repenti et pour être réintégré. Et, même dans ce cas, ce chrétien devra encore passer devant « le tribunal de Dieu » qui jugera si son repentir était sincère (Romains 14:10-12 ; voir *La Tour de garde* du 15 février 1980, pp. 31-32*).*[2]

Je n'ai plus jamais revu ma demi-tante.

---

1. Le terme « exclusion » a été remplacé par « excommunié ». En 1980, c'est encore le terme « exclusion » qui est utilisé pour ne pas utiliser les mêmes expressions que l'Église catholique. Le terme « excommunication » l'a remplacé en 2005 suite à la parution d'*Organisés pour faire la volonté de Jéhovah*, qui a également renommé « comités de discipline religieuse » les comités judiciaires.
2. https://www.jw.org/fr/biblioth%C3%A8que/revues/tour-de-garde-francais-fa-cile-aout-2016/mariage-origine-et-but/

12.
L'HÉROÏSME DU ZOZO

J'ai douze ans. Je quitte ma vie de petite fille pour devenir une préadolescente (dans les années 1970, à douze ans, on était une préado, pas une ado !). J'essaye de participer à ma première boum en prétendant dormir chez une copine. J'aimerais aussi participer au concours costumé pour le carnaval, mais un témoin de Jéhovah ne saurait faire trop de compromis pour son plaisir. Participer au carnaval, ce serait adhérer à des pratiques païennes et tomber dans le piège du monde. Face à mon rêve de me déguiser en Cléopâtre, les objections que l'on m'apporte me paraissent plus que moisies.

Ma déception contribue à nourrir mon doute. Pourtant, je crois aux prophéties. Elles m'ont construite en me persuadant que j'étais dans le vrai. Dans mon cœur et dans ma chair, je découvre la lutte des croyants contre le mal. L'apôtre Pierre nous a prévenus : « Soyez vigilants ! Votre adversaire, le Diable, circule comme un lion rugissant, cherchant à dévorer quelqu'un. » (1P 5:8) Je ne veux pas être dévorée par ce lion-là. Je ne veux pas être détruite par Jéhovah parce que j'aurai préféré le monde à son Organisation. Par conséquent, je lutte pour renforcer ma foi. Dans le même temps, je n'y peux rien mais je cherche, dans une certaine mesure, à profiter de ce que peut offrir « le monde ». D'ailleurs, je découvre que les jeunes Témoins, y compris les enfants d'anciens, font parfois plus d'entorses que moi à la bienséance.

En somme, j'apprends à me positionner comme je peux à la frontière des deux univers. J'habite le territoire des justes mais je franchis quelquefois la frontière pour fricoter avec « les autres ». En termes plus directs, j'apprends intranquillement à vivre le cul et l'âme entre deux chaises.

*

Ma mère et Jean-Pierre, eux, ont le cœur entre deux chaises. Ils sont heureux de vivre ensemble mais malheureux des conséquences de leur péché. Commettre l'adultère est une faute très grave car « une personne qui commet l'adultère rompt le vœu solennel qu'elle a fait à son conjoint lorsqu'elle s'est mariée », et « elle pèche contre Dieu »[1]. À chaque réunion, le sujet revient sur le tapis et donne l'occasion de passer en revue l'une des nombreuses occurrences du sujet dans la Bible, apparemment obsédée par la question. Dans ces conditions, pour le couple adultère, difficile de tourner la page et d'aller de l'avant.

Que de réunions avec les anciens il nous a fallu subir, encaisser, digérer ! Oui, « il *nous* a fallu » car je suis au courant de tout. Rien ne m'est épargné.

Strictement rien.

Je connais tout sur les problèmes d'argent entre mes parents. On m'a dressé la liste exhaustive des désaccords qui persistent, dont la pension alimentaire et d'obscures batailles pour la garde des petites cuillères. J'assiste à la lecture orale des textes de l'Organisation sur le sujet. J'écoute leur interprétation. J'entends beaucoup de choses sur la vie des couples. Je mûris avant d'avoir grandi. J'analyse les

---

1. https://www.jw.org/fr/biblioth%C3%A8que/revues/g201506/adultere/

réactions, je console, j'encourage, je demande pardon car je ne suis pas toujours sage. J'étouffe. Je me sens seule. Je voudrais m'évader.

*

Le divorce puis l'exclusion de ma mère et de son mari ont retardé mon apprentissage de la prédication. Nous habitons à la campagne et, puisque les exclus ne peuvent pas prêcher, je n'ai pas d'adulte à accompagner. Je reste donc dans mon lit les matins du *week-end*. Quel soulagement !

Dans un étrange renversement des rôles, mon frère, devenu pionnier permanent, sermonne ma mère. Il est très dur avec elle. Il n'est pas venu à son remariage parce qu'elle était encore exclue.

Il n'a pas fait son service militaire puisque les Témoins refusent de se soumettre à ce qui, alors, était une obligation. En effet, selon notre foi, « les premiers disciples de Jésus disaient non à la guerre et au service militaire, incompatibles avec l'éthique d'amour de Jésus et avec l'injonction d'aimer ses ennemis »[1]. Or, la loi punissait sévèrement ce type de refus. Ce n'est qu'en 1995 que François Léotard, ministre de la Défense, a accordé aux témoins de Jéhovah un statut civil qui leur évite d'être incarcérés[2]. Ce nonobstant, même aujourd'hui, la tolérance n'est pas la même partout en Europe. Ainsi, en 2022, la Cour européenne des droits de l'Homme a condamné la Lituanie pour avoir refusé d'exempter un ministre du culte des Témoins[3].

---

1. https://www.jw.org/fr/temoins-de-jehovah/faq/pourquoi-vous-ne-participez-pas-aux-guerres/
2. https://www.liberation.fr/france-archive/1995/02/25/leotard-ouvre-aux-temoins-de-jehovah-le-service-civil_122070/
3. https://juridique.defenseurdesdroits.fr/index.php?lvl=notice_display&id=45340&opac_view=-1

*

Je suis allée au procès de mon frère. Il s'est tenu à Metz. C'était très impressionnant. L'État missionnait des gens en robe noire afin qu'ils jugent. Le cas était grave. En plus de refuser de faire son service pour la nation, l'accusé refusait aussi le statut d'objecteur de conscience, c'est-à-dire qu'il refusait d'aider des infirmiers ou de faire la cuisine pour des soldats. En cas de guerre, il aurait été accusé de trahir sa nation et fusillé. Nous étions en temps de paix ; il était donc assuré d'aller en prison. L'enjeu était la durée de la peine.

Je le revois debout, impassible, solidement campé devant le tribunal. Je le trouvais resplendissant de beauté. Aux questions des magistrats, il répondait qu'il préférait mourir plutôt que de trahir sa conscience de chrétien. Il n'en démordait pas : jamais il ne porterait les armes.

– Vous imaginez si tout le monde agissait comme vous ? s'est emporté un magistrat.

Mon frère a souri.

– Oh, oui ! s'est-il exclamé. Si tout le monde était témoin de Jéhovah, il n'y aurait plus de soldats, donc il n'y aurait plus de guerres. En quoi cela serait-il un drame ?

La sentence est tombée : 24 mois de prison ferme, dont 6 mois avec sursis.

J'aimais déjà mon zozo ; désormais, je l'admire. Mon frère est un héros. On ne peut être témoin de Jéhovah sans être courageux. Je me jure d'être brave, moi aussi, et de tenir fermement cette résolution.

13.
L'ATTAQUE DES DÉMONS DE PLUMES

Au début des années 1980, la France s'est engagée dans une lutte contre les dérives sectaires. Dans le viseur, notamment : les témoins de Jéhovah. Pour nous, c'est la preuve que l'humanité et ses institutions sont dans la main de Satan et de ses sbires. La stigmatisation nous conforte dans notre croyance.

Cependant, je me pose des questions. Par exemple, pourquoi devrions-nous souffrir pour Dieu ? Malgré moi, certains arguments portés contre nous me paraissent frappés du coin du bon sens. Le diable m'aurait-il séduite ? Je me pose la question parce que la Bible dit que le cœur est un traître, et Jéhovah lit dans le mien...

*

Je suis en quatrième. J'ai treize ans. J'ai souvent la permission d'aller chez Béatrice, ma meilleure camarade de classe. Son grand frère sait que je suis Témoin et veut à tout prix me convaincre que je grandis dans une secte. Étudiant en médecine, il est particulièrement effaré par la position jéhoviste sur la transfusion. Il connaît notre argumentaire : d'une part, l'Ancien et le Nouveau Testament « commandent de s'abstenir de sang » ; d'autre part, « aux yeux de Dieu, le sang représente la vie ». Il faut donc s'abstenir d'« absorber du sang » par respect pour lui[1]. Mes réponses sont automatiques, efficaces, sans appel. Je ne vois seulement pas pourquoi discuter de ce qui a été tranché une fois pour toutes.

Pourtant, le travail de sape du frère de Béatrice, ses questions, ses affirmations et son assurance finissent par me déstabiliser de manière insidieuse. Ses questions tournent en boucle dans ma tête. Certaines idées philosophiques qu'il a esquissées devant moi me paraissent plutôt solides. Dans son propos, il n'y a pas de quoi emporter ma conviction mais, c'est pire, il y a largement de quoi nourrir mes premiers doutes d'importance.

À mon secours volent les exemples des chrétiens antiques, mis à l'épreuve par des « gens du monde ». Le grand frère de Béatrice a beau avoir l'air posé (et un charmant minois), il n'en a pas moins un esprit tordu. Il ne peut en être autrement, puisqu'il appartient au monde. Il est tordu, il est tordu, point à la ligne.

Par chance, pour repousser les assauts contre Jéhovah, je peux me raccrocher à ces avertissements qui parsèment tant la Bible que l'Histoire des premiers chrétiens. Tout est écrit. Nos adversaires sont ridicules. Jamais aucun agent de Satan ne pourra fragiliser quiconque se donne de tout son cœur à Jéhovah.

*

Dans cette lutte contre le doute, je dois me débrouiller seule. Si j'ouvrais mon cœur à ma mère ou à Jean-Pierre, ni une, ni deux, ils m'empêcheraient de retourner chez Béatrice. Pour résister aux attaques de Satan, je connais la méthode : étudier plus souvent.

Plus longtemps.

---

1. https://www.jw.org/fr/temoins-de-jehovah/faq/temoins-de-jehovah-pourquoi-re-fus-transfusions-sanguines/

Mieux.

Puisque ma foi s'est affaiblie, il faut que je la renforce. Je dois suivre l'exemple de mon frère. Il est intelligent. Si nous, Témoins, étions dans l'erreur, il me l'aurait dit. C'est mon frère, bon sang !

D'autant que, pendant son emprisonnement, il a pu étudier la Bible à fond et désamorcer certaines polémiques. Par exemple, il a scruté ce que la Société – c'est ainsi que l'on appelle ici la Watchtower Bible and Tract Society, l'association cultuelle des Témoins – écrit. Il a remis ses affirmations dans leur contexte. En définitive, après examen, il m'a assuré que l'Organisation ne falsifie pas, ne falsifie jamais les propos des savants, contrairement à ce que prétendent nos ennemis. Il a profité de son emprisonnement pour mettre à l'épreuve nos croyances, et sa foi y a gagné en vigueur.

En geôle, il était avec d'autres jeunes témoins de Jéhovah, qui comme lui, avaient refusé d'effectuer leur service militaire. Parmi eux, il y avait Daniel, le fils aîné des propriétaires de la famille qui possédait la grande maison. Daniel avait une marotte : décortiquer la moindre prophétie et déterminer en quoi elle s'applique à notre époque. Dans mon entourage, mon frère et Daniel étaient parmi les plus fins connaisseurs de notre religion. Si, à eux deux, ils n'avaient pas été capables de dénicher ne serait-ce qu'une petite faille dans le système érigé par la Société, c'est qu'il n'y en avait pas. Inutile d'ergoter davantage.

Par conséquent, le doute qui m'habite n'est qu'un poison satanique dû à l'air du temps et à la malice des séides du diable, dont le frère de Béatrice est une incarnation, dont les institutions qui nous maltraitent sont un instrument maudit, dont les journalistes qui nous pointent du doigt sont des agents fût-ce malgré eux, etc.

Moi, je dois expulser Satan de mon esprit.

*

Le diable peuple souvent mes cauchemars, et pas seulement à cause de ma foi ou de mon imagination. Mes parents aussi m'ont raconté que certains Témoins avaient constaté un jour que leurs oreillers avaient pris des formes inquiétantes. Ils ont cru reconnaître des organes constitués de plumes. Le diagnostic ne souffrait pas contestation : c'étaient des attaques des démons. Aussitôt, nous avons jeté nos oreillers en plumes.

Mes cauchemars n'ont pas disparu pour autant.

Au contraire.

14.
L'IVRESSE DU SOLFÈGE

De mon bouillonnement intérieur sourd, lentement, une conviction : la vie des parents déteint sur leurs enfants. Pour être moi, j'essaye de lutter contre ces réflexes et ces habitudes qui constituent moins mon identité qu'une carapace chargée de protéger du monde extérieur les Témoins. Je prends conscience que ce que je vis au quotidien peut m'atteindre en profondeur.

Pour ne pas devenir la copie conforme des frères, je cherche le contact avec d'autres milieux pour vibrer à d'autres façons de réagir. Je ne veux pas ressembler à ma mère quand elle se plaint et quand elle fait porter aux autres ses blessures. Je ressens aussi un besoin vital de fuir les contraintes dogmatiques qui interdisent toute remise en question. Je lance mon opération survie !

*

Indifférent à mon projet, mon frère s'est fiancé à une fille de notre congrégation (forcément !), une fille unique mal dans sa peau mais très bien réputée dans notre communauté, ce qui est essentiel. L'apôtre Paul (2 Co 6:14) ne demandait-il pas : « Quelle communion de la lumière avec les ténèbres ? » Nous, la lumière, ne pouvons nous rapprocher que de la lumière !

La lumière-fiancée de mon frère est jolie quoique un peu pénible et possessive. Elle a du mal à accepter que mon frère soit très lié à ses sœurs. Malgré ce défaut, nous l'acceptons dans notre clan. Il faut dire à sa décharge que nos liens fraternels sont devenus très puissants, plus qu'intimes : consubstantiels.

C'est du moins ce que je crois jusqu'au jour où mon frère n'invite pas maman à son mariage parce qu'elle est encore exclue. Là, je crains d'être obligée de trancher et, comme à mon habitude, je ne veux pas prendre parti car j'estime que l'alternative est viciée. Il n'y a pas de bon choix possible.

*

À cette époque, mon frère est partagé entre l'esprit de réalité et la spiritualité. Il s'est lancé à corps perdu dans son ministère jéhoviste. Sa fiancée et lui sont mêmes pionniers permanents. En effet, il existe trois sortes de pionniers.

D'abord, les pionniers auxiliaires, « qui ne sont pas en mesure de prêcher à plein temps » accordent soixante heures par mois à leur ministère[1].

Ensuite, les pionniers permanents. Eux prêchent quatre-vingt-dix heures par mois[2] et doivent se contenter d'un travail à temps partiel.

Enfin, les pionniers spéciaux, envoyés « dans des endroits manquant de prédicateurs », s'engagent pour « cent quarante heures par mois »[3] et bénéficient d'une petite allocation versée par le Béthel.

Le Béthel est le siège social national des Témoins. C'est là où sont édités les publications grâce à des bénévoles « nourris et blanchis »,

---

1. Aujourd'hui, les exigences ont baissé, et un pionnier auxiliaire est appelé à prêcher « trente ou cinquante heures au cours d'un mois ».
2. Aujourd'hui, soixante-dix heures par mois.
3. 130 h en 2023. Source : https://www.jw.org/fr/biblioth%C3%A8que/livres/volonte-jehovah/jw-pionnier/.

vaguement défrayés mais non rémunérés, appelés à former une « famille » qui, par définition, vit ensemble[1].

Pionniers permanents, mon frère et sa femme vont avoir besoin de l'aide de leurs parents pour boucler leurs fins de mois. Et pourtant, celui que j'appelais mon zozo choisit de laisser de côté sa mère à l'occasion du jour de fête ! Ce n'est plus de l'héroïsme, c'est de l'égoïsme.

Et, en même temps, c'est mon frère que j'aime et j'admire. De quel côté me ranger ?

Pour éviter d'être à nouveau prise en otage, je choisis la seule méthode qui m'apparaisse envisageable et qui tient en deux mots : « Courage, fuyons ! » Je saisis une occasion pour partir au ski une semaine. D'ordinaire, je ne suis pas sûre que ma mère aurait accepté de me laisser filer longtemps avec des gens du monde. Si elle m'a autorisé à décamper, c'est sans doute pour montrer à mon frère que je ne le soutenais pas. D'une certaine façon, j'ai raté mon coup, moi qui espérais rester neutre…

*

Béatrice, ma meilleure copine, est brillante. C'est une fille très sérieuse. Elle est première de la classe. Les autres élèves ne m'intéressent pas.

Grâce aux parents de mon amie, qui ont monté une association culturelle, je peux bénéficier de cours de solfège et me mettre à la musique. Les parents, très aisés, invitent aussi les amis de leurs enfants pour aller skier à Chamonix pendant les vacances, et je suis l'une des heureux élus. C'est ma première vie en dehors du cercle familial. Ma première respiration.

---

1. https://www.jw.org/fr/biblioth%C3%A8que/livres/volonte-jehovah/bethel/

15.
L'insouciance du *rock'n'roll*

Ça y est, maman est réintégrée ! Elle est de nouveau témoin de Jéhovah de plein droit. Mon beau-père, non. Il était marié, comme elle, mais il était aussi un ancien de la congrégation. Il a donc été considéré comme responsable devant Dieu à un degré supérieur. Résultat, il doit attendre quelques mois de plus avant de retrouver pleinement sa place dans notre communauté.

Ensemble, nous préparons la prochaine assemblée d'été. Le thème de notre assemblée de district (celle qui regroupe plusieurs circonscriptions) est « l'Amour divin ». Les consignes transmises par les périodiques maison sont claires : il faut faire bonne impression.

> Le véritable christianisme est un mode de vie et signifie davantage que le simple fait d'appartenir à un groupement. Lorsque, en tant que témoins de Jéhovah, nous organisons de grands rassemblements, les qualités chrétiennes que nous manifestons contribuent à donner un puissant témoignage. Comme nos congrès jouissent souvent d'une grande publicité, l'occasion est excellente de glorifier Dieu par notre bonne conduite (1P 2:12). Veillons à notre comportement pour qu'on ne parle pas en mal de la voie de la vérité (2Cor. 6:3; 2P 2:2).[1]

---

1. https://wol.jw.org/fr/wol/d/r30/lp-f/201980167?q=assembl%C3%A9e+de+district+1980&p=par, rubrique « Conduite dans le service du Royaume » pp. 3-5.

En prime, il s'agit d'être de bons représentants de notre foi. La Bible nous y invite avec force.

> Exprimez les sentiments profonds de reconnaissance que vous éprouvez vous-même envers l'organisation de Jéhovah (Mt 24:45-47). Parlez en termes élogieux de votre congrégation et de ce que vous apprenez aux réunions (Ps. 84:10 ; 133:1-3).[1]

Et ça marche !

En dépit des critiques et des attaques, certains articles continuent de saluer sans acrimonie les Témoins. Ainsi, *La Montagne*, citée par *La Tour de garde*, rapporte la perplexité des médias devant le succès que rencontrent les témoins de Jéhovah en France... et témoigne d'un penchant patent pour les minorités victimes de la vindicte institutionnelle. Le journal fait ainsi écho aux « rassemblements qui reflètent l'amour divin ». Le rédacteur ne cache pas une forme d'admiration pour ces témoins de Jéhovah qui, « mal considérés par les religions dites officielles, persécutés dans certains pays (...), continuent contre vents et marées à propager la bonne parole, la Bible à la main ».[2]

Nous avons respecté les consignes. Nous avons fait bonne impression !

*

Ma mère est si heureuse que je sois née dans la vérité que je l'interroge souvent sur son ancienne religion. Je lui demande pourquoi

---

1. https://wol.jw.org/fr/wol/d/r30/lp-f/201996209?q=assembl%C3%A9e+1985&p=par (§16)
2. https://wol.jw.org/fr/wol/d/r30/lp-f/101980821

elle a quitté la sienne. Je veux savoir comment ça s'est passé. Elle qui était catholique me raconte volontiers sa première rencontre avec les témoins de Jéhovah. Un jour, ils ont sonné pour lui parler de Dieu et des promesses qu'il avait faites aux hommes. Intriguée par ces gens qui se déplaçaient jusqu'à elle pour évoquer un dieu qu'on lui avait appris à vénérer mais qu'elle connaissait à peine, elle leur a ouvert la porte.

Lorsque ces Témoins lui ont révélé que Marie, celle que les catholiques considèrent comme vierge et sainte mère de Dieu, avait eu d'autres enfants après la naissance de Jésus, elle a eu la preuve qu'on lui avait menti. La révélation que la vierge n'était pas vierge l'a ébranlée, corps et âme.

– J'ai découvert que Marie n'est pas plus vierge que moi ! s'était-elle exclamée. On m'avait menti !

Je m'étonne et lui lance :

– Et ça t'a suffi pour changer de religion ?

– C'était le déclic, mais les discussions ont continué.

*

Restait à convaincre mon père, de culture protestante par sa mère Suisse allemande. Mon grand-père paternel était catholique peu pratiquant. Il était donc spirituellement ambivalent. Quand maman a eu sa révélation, mon père a voulu vérifier cette nouvelle manière de parler de et à Dieu. Il a été surpris par les réponses logiques et implacables qui lui ont été proposées sur les change-ments sociétaux et les problèmes mondiaux des humains. Les explications très profondes et détaillées sur les prophéties de la Bible en rapport avec les crises sociales de l'époque ont fini d'arra-cher sa conviction.

Cependant, si ma mère a viré sa cuti, ce n'était pas que pour des raisons hautement spirituelles. En reniant l'Église catholique, elle prenait aussi une revanche sur sa propre mère qui l'avait forcée à aller à la messe, même après ses vingt ans, alors qu'elle-même n'y mettait seulement pas le début d'un orteil, ni pour Noël, ni pour la cérémonie la plus importante dans le rite du Vatican : Pâques. Quand sa décision a été prise, ma mère avait hâte de voir la tête de sa génitrice au moment où elle lui apprendrait qu'elle avait été baptisée en tant que témoin de Jéhovah.

Derrière l'esprit de vengeance vibrait aussi la foi naïve et entière d'une nouvelle convertie qui pensait que sa mère suivrait cette nouvelle religion qu'elle disait « originelle ». C'était évident ! Tout le monde allait devenir Témoin puisque l'Organisation avait mis au jour les mensonges des fausses religions ! Tout le monde voudrait se baigner dans la lumière du Christ et la répandre sur toute la Terre ! En ma mère battaient donc à la fois le sentiment d'être libérée d'une supercherie et la fierté de tenir tête à ses parents, eux qui s'étaient débarrassés d'elle – c'était son sentiment – dans une pension catholique, quand elle avait cinq ans, sous prétexte que, en tant que commerçants, ils n'avaient pas assez de temps pour s'occuper de leur fille.

*

Nous, ses enfants, avons permis à maman de prendre une revanche sur son enfance, et nous en avons été les bénéficiaires. Ma mère n'avait jamais compris la dureté de sa mère ; aussi a-t-elle cherché à nous donner l'amour qu'elle avait espéré, quêté, quémandé, et n'avait jamais reçu. De l'amour, heureusement, elle en avait reçu de sa grand-mère, chez qui elle passait les vacances d'été.

Elle me parlait fréquemment de cette femme extraordinaire qui lui apprenait à écrire et qui passait du temps à lui lire des histoires ou à lui raconter sa jeunesse à la cour du tsar de Russie. Ces histoires me donnaient un goût prononcé pour la grande Histoire, forgées par les petites...

Mes parents s'étaient beaucoup aimés et nous avaient maintes fois raconté leurs sorties entre bandes de jeunes, au temps « des copains » et des soirées *rock n'roll*. Ils dansaient tous les *week-ends*, travaillaient beaucoup, n'avaient pas grand-chose, mais ils aimaient leur époque et la décrivaient comme la plus belle, confite dans l'insouciance, la légèreté et le bonheur.

Voilà, j'ai douze ans, je ne manque de rien mais je sais ce qui me manque. Ça tient en un mot. Ça s'appelle le bonheur.

L'insouciance et la légèreté m'iraient très bien aussi, mais j'ai une préférence pour le bonheur. Insouciant, léger, lourd, petit, grand – qu'importe, je prends. Parce que, là, j'ai l'inquiétante impression de rater quelque chose. J'ai conscience d'être seule, à part, d'avoir sans arrêt à guetter un ennemi, d'être assez forte pour résister aux attaques du diable, aux gens du monde. Pire, même si j'ai du mal à me l'avouer : je suis plus que seule. Je suis triste.

Triste d'être seule et triste d'être triste.

Donc, si ce n'est pas trop demander, j'aimerais être au moins un peu heureuse de temps en temps et, idéalement, dès maintenant voire pour les siècles des siècles, amen.

16.
LES POTS CASSÉS

Nous sommes en 1981. J'ai quatorze ans. J'ai commencé le piano il y a un an. Sans forfanterie, grâce à un travail acharné, je dépasse en dextérité les autres élèves de l'association.

Je participe pour la première fois à un concours. Quand je sors de scène, Nicole Cohen, mon professeur, me félicite et m'affirme que je n'ai jamais aussi bien joué la *Lettre à Élise* que pour cette prestation. Elle a vu juste : j'obtiens la meilleure note de tous les groupes. Au lieu de s'en réjouir, ma mère et mon beau-père fomentent un sale coup.

À l'entracte du spectacle organisé par l'association des parents de Béatrice pour la remise des prix, ma mère me brandit sous le nez la brochure de présentation des activités menées lors de l'année écoulée. Parmi elles, un atelier-débat de sensibilisation aux dérives sectaires parmi lesquelles, inévitablement, les témoins de Jéhovah. Ma mère fulmine :

– Tu te rends compte, on leur confie nos enfants et ces gens trouvent l'occasion de nous insulter !

Jean-Pierre aussi est choqué. Il prend ma mère par le bras et conclut :

– Allez, on fiche le camp.

Estomaquée, je proteste :

– Mais c'est pas possible ! Vous ne pouvez pas faire ça !

J'essaye de raisonner mes parents en leur disant que les gens qui ont écrit ce passage sont des perroquets qui répètent ce que disent les journaux.

– Et alors ? cingle mon beau-père. Tu crois que, parce que la presse diffuse des mensonges, nous avons le devoir de les accepter ? Tes amis *nous* connaissent, ils *te* connaissent, et ça ne les empêche pas de nous salir dans leur torchon ?

Il insiste :

– Tu te rends compte ? On t'a laissée partir au ski avec eux, et ils nous remercient en nous poignardant dans le dos !

Je ne vois pas le rapport, mais c'est trop tard pour en appeler à la raison.

– Ce genre de propos est inexcusable, renchérit ma mère. Viens, on rentre.

Je panique. Non seulement mes parents comptent sécher la remise des prix mais, de surcroît, ils veulent que je les accompagne. Je suis dévastée. J'ai travaillé tellement dur pour progresser et, *in fine*, gagner ce concours que l'idée de partir au moment de toucher ma récompense, mon premier triomphe d'artiste, ça me plante un couteau dans le cœur.

Je cours chercher Mme Cohen. Très compréhensive, elle me rassure et tente à son tour de raisonner ma mère et Jean-Pierre. Elle leur explique que je dois absolument rester pour que me soit remis mon premier prix, pour lequel j'ai tant travaillé ; et elle ajoute qu'elle pourra me garder chez elle la nuit si, malgré tout, ils souhaitent partir séance tenante. Je réponds fermement :

– Je reste !

Sans un mot, mes parents tournent les talons. Me voilà seule. Je pleure de chagrin, de tristesse, et je ressens un terrible sentiment d'injustice jusqu'à la remise des prix où je tente de donner le change.

*

Je suis victorieuse. Je suis dévastée.

Ce premier prix, je ne le voulais pas que pour moi. Je le voulais aussi pour montrer à mes parents de quoi j'étais capable.

Par la suite, cette situation a provoqué une discussion sur ma « religion sectaire » avec ceux qui avaient assisté à la scène. Je ne suis pas sûre que le coup de théâtre de mes « responsables légaux » ait porté ses fruits ce jour-là. Mais cet incident n'a pas suffi à me détourner de ma foi. Il m'en fallait plus. Mes parents n'étaient que des humains imparfaits. Seul Jéhovah peut transformer la terre entière en paradis.

Quant à ma mère et mon beau-père, ils peuvent garder la satisfaction d'avoir gâché la cérémonie. Je sais que, à l'avenir, je serai obligée de me soumettre à leur « prise de position », une expression qui revient régulièrement chez les jéhovistes. Ma mère et Jean-Pierre doivent prendre position *pour* Jéhovah *contre* les gens du monde. Tant pis si leur enfant paie les pots cassés.

17.
LES PETITES TOUCHES

Ce n'est pas la première fois que je me heurte violemment à l'extrême sensibilité religieuse des adultes. Quand j'étais enfant, j'avais participé à une compétition de gymnastique. Pour le salut au drapeau – cela se pratiquait, à l'époque ! –, l'organisateur diffusait *La Marseillaise*. Je le savais, et j'avais rusé pour aller seule à ce concours. Hélas, mes parents avaient deviné qu'il y avait un loup. Ils avaient débarqué juste à temps. Houspillée et humiliée, j'avais dû quitter le lieu en urgence pour éviter de commettre un crime d'idolâtrie. Rendre hommage à un hymne et un drapeau, fût-ce celui de mon propre pays, est considéré comme un terrible péché. C'est écrit noir sur blanc dans nos manuels.

> Dans toutes les parties du monde, les témoins de Jéhovah ne participent pas aux cérémonies au cours desquelles on salue le drapeau et chante des hymnes nationaux. Pour eux, en effet, cela constituerait une forme de culte qui est une nette violation du premier et du second des dix commandements (Ex. 20:3-5[1]).[2]

Le club m'avait fait comprendre que c'était regrettable mais que je devais apprendre à choisir. Plus tard, je me suis souvenue de leur

---

1. *Réveillez-vous*, 22 septembre 1978, pp. 3-5.
2. https://wol.jw.org/fr/wol/d/r30/lp-f/1101983034

remarque. Elle s'est ajoutée à d'autres qui m'ont aidée à sortir de la communauté.

*

Cet incident n'était lui-même qu'un épisode de plus dans une longue série de défections liées à la contradiction qui tiraille les Témoins.

D'un côté, ils tiennent à ce que leurs enfants s'inscrivent à de multiples activités le mercredi pour montrer qu'ils s'amusent à l'instar des jeunes du monde. De l'autre, si l'enfant dévoile des qualités dans l'une de ces activités, ou s'il doit préparer un spectacle de fin d'année, pas question qu'il pratique davantage : les innombrables réunions priment. À chaque fois, il est impossible de s'investir ainsi qu'il serait indispensable de le faire.

Je voulais tout apprendre et je ne pouvais jamais rien terminer. Parfois, je ne pouvais même pas commencer. Ainsi, je n'ai pas pu pratiquer l'aïkido au collège car c'est un art martial, et il est écrit au quatrième verset du troisième chapitre du livre d'Isaïe : « Une nation ne lèvera pas l'épée contre une nation, et ils n'apprendront plus la guerre. »[1] Même topo pour la boxe. Quoique ce ne soit pas un art martial, c'est un sport qui apprend à se battre – donc un sport que les fidèles de Jéhovah sont appelés à ne jamais pratiquer.

Ainsi, sur le collier de ma jeune vie, j'ai très vite commencé d'enfiler les perles de débuts avortés et d'aboutissements interrompus.

*

---

1. https://www.jw.org/fr/temoins-de-jehovah/temoignages-anecdotes/bible-transforme-des-vies/j-etais-passionne-d-arts-martiaux/

La nuit du gala, je me retrouve chez mon professeur. Nous discutons une bonne partie de la soirée. Mme Cohen aimerait que j'entre au conservatoire. Au cours de la discussion, elle me glisse qu'elle est juive. Je suis à la fois très intriguée et très excitée car, depuis mon enfance, j'étudie la vie antique du peuple juif en long, en large et en travers. Avec mon interlocutrice, nous évoquons quelques épisodes de cette si riche Histoire.

À ma surprise, mon professeur me propose parfois des versions trrrrrès différentes des histoires que j'ai apprises. Je ne peux pas vraiment défendre mon point de vue car, d'une part, je m'adresse à mon professeur et, d'autre part, l'éducation jéhoviste s'effectue de manière décousue. Nous apprenons des événements par thème et lors de réunions abordant de nombreux sujets. Il n'y a pas de catéchisme pour les enfants. J'apprends par petites touches ! Des informations importantes liées aux prophéties parasitent parfois ma mémoire sur la chronologie de la Bible, les personnages importants et la cohérence de l'ensemble.

C'est aux parents qu'il revient d'éduquer leur progéniture au quotidien, en plus de l'assistance aux rassemblements communautaires, aux assemblées de circonscription et aux assemblées de district. Pour y parvenir, ils peuvent s'appuyer sur un livre, le *Recueil d'histoires bibliques*. Il rassemble 116 récits « exacts » et illustrés – aujourd'hui, une version en ligne est disponible[1]. En discutant avec mon enseignante, je comprends que je ne parviendrai pas à lui prouver qu'elle se fourvoie. J'en conclus que je dois étudier davantage non pas pour mieux me défendre mais pour mieux défendre la vérité afin que, un jour, ma prédication soit vraiment convaincante.

---

1. https://www.jw.org/fr/biblioth%C3%A8que/livres/histoires-bibliques/

18.
L'ÉROTISME DES DÉMONS

Même si Mme Cohen semble étonnée par certaines de mes affirmations, elle a conscience de mon jeune âge et pose des mots apaisants sur mes émotions. Une chose la frappe plus que les autres : je passe mon temps à tout ramener au Diable.

– Ça doit être épuisant, non ? me glisse-t-elle. Ça doit même être effrayant de penser que Satan est le maître du monde, et qu'il cherche à te détourner du droit chemin par tous les moyens... Tu dois faire des cauchemars terrifiants !

Saisie par son intuition, je me dis qu'elle a peut-être raison. Peut-être mon obsession du Malin cache-t-elle quelque chose. Peut-être ma religion m'angoisse-t-elle plus qu'elle ne me comble.

*

Plus tard, mon obsession du diable trouvera de quoi s'alimenter dans les publications de la société Watchtower et dans certaines rencontres. Je me souviens de la première fois où j'ai découvert une espèce de possédée. Elle vient à l'étude du livre, une mini-réunion où quelques familles se retrouvent pour étudier pendant une heure un des livres édités par l'Organisation. La femme est bizarre et nerveuse. Elle tient sa petite fille sur les genoux et, soudain, elle regarde autour d'elle et se met à crier en gesticulant :

– NON ! NON ! NON !

Sursaut général. L'ancien qui dirige l'étude reste calme et lui demande si elle va bien. Elle répond par l'affirmative, présente ses excuses pour sa réaction intempestive, se lève en gardant sa fille dans les bras et reste dans le couloir jusqu'à la fin de l'étude. Après la prière, elle nous explique que les démons l'ont laissée tranquille une fois qu'elle s'est éloignée de nous.

Elle a piqué ma curiosité car j'ai beaucoup lu sur les démons. De nombreux témoignages assurent qu'ils persécutent les personnes qui les servent quand ils rencontrent la Vérité. « La violence incontrôlée d'un déséquilibre mental est souvent due à a la possession démoniaque », affirme la Société dans son *Auxiliaire pour une meilleure intelligence de Bible*, p. 381.

Je le crois d'autant plus qu'un article paru dans l'annuaire – un livre qui rapporte des faits et témoignages recensés sur l'ensemble de la planète – mentionne le cas d'une femme de Nouvelle-Calédonie qui était allée voir des guérisseurs. Ayant rencontré des Témoins, elle

> s'est débarrassée de tous ses « boucans » (des racines et des feuilles attachées les unes aux autres par un guérisseur et servant d'amulettes). Alors les démons se sont mis à la harceler. Elle a dû passer une journée entière à prier Jéhovah. Après 24 heures de lutte, les démons l'ont enfin laissée en paix. À présent, cette sœur est très heureuse de servir comme pionnier et de faire connaître à ses semblables la vérité qui libère (Jn 8:32).[1]

Je bombarde cette femme de questions. Elle m'affirme que des voix lui parlent et lui disent « des choses terribles ».

---

1. « La vérité secoue les chaînes du démonisme », *in : Annuaire des témoins de Jéhovah 1985*, p. 33.

- Quoi, par exemple ?

- Elles menacent de me tuer si je rejoins les Témoins...

Il n'y a qu'une alternative : ou les démons existent, ou cette femme est dingue. Je reste toujours partante pour croire mais, dorénavant, une petite lumière clignote dans la nuit de ma foi. Le témoignage de cette sœur s'ajoute à d'autres sur les forces occultes, y compris hors de l'Organisation – ceux qui évoquent des guéridons en mouvement ou des tables tournantes...

*

J'en apprends davantage lorsque je rends visite à une amie de la possédée, dans le cadre d'un soutien spirituel. Au détour de la conversation, elle m'avoue qu'elle a eu des relations sexuelles avec les démons. J'ai envie de pouffer.

- Comment ça ?

- C'est gênant, mais je peux te dire qu'aucun homme ne soutient la comparaison. C'est beaucoup, beaucoup mieux !

- Je ne comprends pas, tu es sûre que ce sont des esprits qui te font ça ? Ils te touchent ?

- Ils n'ont pas besoin de me toucher. Ils font monter la température des radiateurs pour que je rejette mes couvertures et me déshabille.

- Je croyais que les démons étaient des êtres immatériels. Comment peuvent-ils modifier le thermostat d'un radiateur ?

- Ils agissent sur nos sens. En profondeur. Ils me font des choses, je ressens un immense plaisir, nettement plus fort qu'en ayant des relations normales. Tu ne peux pas savoir à quel point c'est fort !

Je conclus que mon interlocutrice essaye de justifier son penchant pour la masturbation, voire qu'elle reproduit des scènes de films porno. Cependant, aussitôt, une autre hypothèse s'impose à moi : et si cette scène-là avait existé pour de bon ? Si des esprits prenaient possession de l'esprit des femmes solitaires jusqu'à leur procurer un orgasme ? Je demande très curieuse :

– Et c'est la seule circonstance où des démons te visitent ?

– Non. Une fois, j'ai téléphoné à un ancien pour qu'il m'aide à prier, et les démons m'ont empêchée d'entendre sa voix.

Je prends acte de ses propos sans savoir qu'en penser. D'un côté, mon esprit rationnel délivre un diagnostic sans appel : cette femme est complètement dingue. De l'autre, mon moi jéhoviste renverse mon réalisme trivial en me remémorant les nombreux témoignages – beaucoup plus chastes ! – que la Société publie régulièrement pour rappeler les pouvoirs sataniques et leur influence dans le monde. Selon l'Organisation,

> d'immondes puissances démoniaques rassemblent les nations pour la guerre du grand jour de Dieu le Tout-Puissant. Elles vomissent contre Jéhovah des paroles que la Bible compare à des grenouilles, et elles continuent à faire la guerre à tous ceux qui sont de son côté.[1]

Apparemment, certains démons préfèrent pourtant faire l'amour que la guerre !

---

1. « Remplis pleinement ton ministère », *ibid.*, p. 62.

19.
L'ENVIE DE RIRE

En 1982, je vais bientôt entrer en seconde.

Je suis très douée en arts plastiques mais, dans ma famille, pas question que j'envisage de candidater aux Beaux-Arts. Oh, non ! Comme chacun sait, les écoles d'art sont des lieux de perdition, de débauche et de perversion. Les jeunes y sont détournés des vraies valeurs.

Je veux convaincre ma mère du contraire. Je prends rendez-vous avec une conseillère d'orientation. Ma mère m'accompagne. Devant nous, une dame très digne. Elle a décidé pour moi. Elle est fermement convaincue que jamais ou presque l'on ne vit de son art. Barbouiller de temps en temps une feuille de Canson, c'est très joli, mais soyons sérieux : il faut exercer un vrai métier. D'autant que mes résultats scolaires sont moyens. Oublions vite cette histoire de Beaux-Arts. Alors, ne serait-il pas temps d'envisager plutôt une orientation en lycée professionnel ?

Je m'offusque et déclare :

– Je veux étudier et devenir avocate.

Sans doute une envie de transformer ce monde si compliqué en un endroit plus juste… et une envie cachée de savoir me défendre.

L'entretien s'arrête là. Ma mère triomphe. J'ai compris que la messe était dite.

*

Avant l'art, il y avait eu le latin. En quatrième, j'ai voulu suivre des cours de cette langue morte. Mes parents s'y sont opposés. J'avais assez de mal à « avoir la moyenne » comme ça. Mieux valait pour moi me concentrer sur le principal...

Je m'étais révoltée en moi-même. C'est quoi, « le principal », hormis le fait que « le monde va s'écrouler, Armageddon arrive, les prophéties sont en train de se réaliser partout, il est inutile que j'ajoute des charges supplémentaires à mon parcours » ?

À force d'être découragée de suivre ma voie et de satisfaire mes mille curiosités, j'ai pris l'habitude de travailler de moins en moins, et j'ai décroché... sans pour autant renoncer complètement.

*

Je finis par être admise en seconde générale. J'en suis fière car je suis la seule de ma congrégation à y être inscrite. Mes camarades ont – plus ou moins – choisi le lycée professionnel. Direction comptabilité ou gestion pour eux.

Moi, je garde les possibles ouverts. J'ai même opté pour une troisième langue afin de me retrouver dans la même classe que Béatrice. Mes résultats ne sont pas extraordinaires, mais je tiens le cap.

*

Le lycée général est loin de chez moi. Je me lève tôt pour prendre le bus. Je rentre tard le soir. Je suis épuisée. Je ne parviens plus à dormir. Mon ventre me fait souffrir. J'ai la nausée. J'ai peur d'avoir l'appendicite. Je ne veux plus être ce que je suis. Je ne veux plus être à part. Je ne veux plus être obligée d'avancer à contre-courant. J'ai envie d'avoir un petit copain et d'aller danser le *week-end* avec lui. J'ai envie de m'habiller comme les autres. J'ai envie de rire. J'ai envie de vivre. J'ai de plus en plus peur du monde parce qu'il m'attire pour des raisons charnelles et matérielles, moi qui devrais fixer du regard « le but », celui de la vie éternelle. Je finis l'année sur les rotules.

Mais je ne suis pas la seule à lutter. Ma sœur aussi essaye de surmonter ses propres difficultés. Elle a quitté l'école à seize ans, en plein divorce de nos parents. Mon père l'a collée à l'usine où, debout, elle repassait toute la sainte journée. Elle avait trouvé une échappatoire en quittant la France pour l'Angleterre, jusqu'à ce que ma mère et Jean-Pierre lui proposent de venir vivre avec nous. Elle est devenue la secrétaire de notre beau-père. Elle aussi aimerait trouver un amoureux. à vingt-deux ans, elle n'a encore jamais embrassé un garçon *pour de bon*...

20.
LA TROUILLE

En 1983, le thème de l'année des témoins de Jéhovah résonne, à sa façon, dans la tête de ma sœur et la mienne. Il reprend un extrait de la Lettre de l'apôtre Paul aux Colossiens (3:14), qui ordonne : « Revêtez-vous de l'amour, (...) un parfait lien d'union. »

En effet, tous les ans, l'Organisation choisit un verset de la Bible. On l'affiche au-dessus de l'estrade. Chaque salle du Royaume est maintenant uniformisée et affiche une même bannière. Alors que certains locaux étaient marqués par la personnalité de leurs membres, la Société exige d'uniformiser l'accueil de ses adeptes. Les salles du Royaume seront comme les chaînes internationales : peu ou prou identiques partout dans le monde. Le pupitre, l'estrade, le comptoir pour les publications, la boîte à offrandes juste à côté, les toilettes à un endroit précis... Nous passons de sièges confortables, type cinéma, à d'horribles sièges en plastique. Seule liberté : le choix de la couleur, à déterminer entre orange ou marron. Merveilleuse liberté !

Nous voici donc, dans une salle normalisée, en train de suivre une méditation guidée sur l'amour. Voici ce qui nourrissait notre prière et notre réflexion.

Jésus dit un jour à ceux qui le suivaient: « À ceci, tous reconnaîtront que vous êtes mes disciples: si vous avez de l'amour entre vous. » (Jn 13:35). Mais, aujourd'hui, le monde foisonne de gens qui sont

« amis d'eux-mêmes ». (II Tim. 3:1, 2.) En outre, Jésus annonça que « l'augmentation du mépris de la loi » amènerait « l'amour du grand nombre à se refroidir ». (Mt. 24:12.) Or, ce manque d'amour si manifeste dans le monde représente un véritable défi pour les disciples de Jésus Christ.

À présent, tous ceux qui veulent être disciples de Jésus sont confrontés à la question suivante : continueront-ils de témoigner un amour empreint d'abnégation à leurs frères chrétiens, en résistant aux tendances égoïstes du présent monde, de façon à travailler dans l'unité pour achever leur œuvre, à prêcher et à faire des disciples afin d'obéir aux commandements de Jésus (Mt. 24:14; 28:19, 20) ?

Le seul moyen de relever ce défi pressant consiste à suivre le conseil que Paul donna dans sa lettre aux Colossiens, c'est-à-dire à « se dépouiller de la vieille personnalité, avec ses pratiques, et à revêtir la personnalité nouvelle ». Mais pour y parvenir, par où commencer ? Paul répond que nous devons acquérir la connaissance exacte de la vérité renfermée dans la Parole de Dieu. C'est dans cette Parole, en effet, que nous découvrirons les qualités du Christ, à savoir : la compassion, la bonté, l'humilité d'esprit, la douceur et la longanimité. Nous apprenons également qu'il est nécessaire de supporter nos frères et de leur pardonner volontiers leurs imperfections et les faiblesses de leur chair. Si nous agissons ainsi, cela nous aidera à acquérir les traits qui caractérisent la nouvelle personnalité. Pourtant, en plus de tout cela, nous devons « nous revêtir de l'amour, car c'est un parfait lien d'union » (Col. 3:9, 10, 12-14).

Posons-nous ces questions : ce vêtement spirituel me va-t-il bien ? Ai-je vraiment revêtu la nouvelle personnalité ? Le texte de l'année pour 1983 devrait nous aider à y réfléchir, au moment où nous débutons une nouvelle année qui nous réserve de nombreux privilèges

20. La trouille

dans le service sacré que nous accomplissons pour Jéhovah, notre Dieu aimant.[1]

*

Comment revêtir ce fameux « vêtement de la nouvelle personnalité » ? Pour ma part, j'ai trouvé la solution : en me faisant baptiser et en acceptant de me renier moi-même. J'y pense de plus en plus. Au fond, je ne m'appartiens pas. Je dois me donner corps et âme à Jéhovah.

Contrairement aux catholiques qui acceptent le baptême des nouveau-nés, les Témoins ont choisi de baptiser plus tard leurs adeptes, à l'instar de Jésus. Enfin, pas tout à fait, car Jésus a attendu d'avoir trente ans pour afficher sa position et instaurer le baptême d'eau (précédé par Jean le Baptiste), qui symbolisait la mort d'une vie pour la renaissance en accord avec les préceptes ordonnés par Dieu. Face aux us catholiques, les Témoins posent la question suivante : « Comment un nouveau-né peut-il faire un tel choix ? » Ils oublient cependant de parler de la « confirmation » des catholiques chargée, précisément, de confirmer le baptême et donc réservée aux croyants ayant atteint l'âge de raison[2].

Pour se démarquer, les Témoins affirment suivre le Christ, ses injonctions et son exemple. Aussi les jeunes sont-ils incités à solliciter le baptême quand ils sont « devenus grands », c'est-à-dire un peu avant leur majorité. Moi aussi, je commence à subir des

---

1. https://www.jw.org/fr/biblioth%C3%A8que/livres/Annuaire-1983-des-T%C3%A-9moins-de-J%C3%A9hovah/Texte-de-lann%C3%A9e-pour-1983/
2. https://eglise.catholique.fr/approfondir-sa-foi/la-celebration-de-la-foi/les-sa-crements/la-confirmation/371024-confirmation/

pressions, oscillant entre l'étonnement et la sollicitude inquiète, donc entre :

– Ben alors ? Pourquoi tu n'es pas encore baptisée ?

et :

– Tu sais, si jamais Jéhovah arrive et que tu es convaincue dans ton cœur d'être dans la vérité, il vaudrait mieux être baptisée !

Tant que je ne le suis pas, je retarde ma « prise de position » et, en cas d'accident ou de grande tribulation, Jéhovah pourrait ne pas m'accorder la vie éternelle ! Tous ces efforts et ces frustrations pour être recalée à l'examen final ? Cela donne à réfléchir et fiche la trouille...

21.
L'ART DE TAPER À LA MACHINE

Désireuse d'échapper aux cours de philosophie, je suis obligée d'opter pour la filière préparant au bac G (comptabilité et gestion) au lieu de la filière A3 (lettres et arts) qui m'attirait. Dans le système scolaire français d'alors, cela paraissait logique : les élèves destinés à devenir personnel administratif ou secrétaires n'ont ni la capacité ni l'utilité d'apprendre à réfléchir ! Sur le moment, cette imbécillité ne me révolte pas, au contraire : elle me rend un fier service. Je ne me souviens que trop de ma discussion avec le frère de Béatrice. En deux heures seulement, il a provoqué un grand chambardement dans ma tête. J'imagine la catastrophe que les cours de philo provoqueraient si je les suivais pendant un an.

On m'a expliqué que la philosophie, matière démoniaque, pousse à penser avec les autres et par soi-même, n'apporte aucune réponse et est un piège pour mon équilibre spirituel. Une exposition prolongée à un tel enseignement provoquerait un séisme dans ma relation avec Jéhovah ! Je dois fuir et m'orienter vers une voie de garage – une formation gestion, commerce et droit, avec de la comptabilité et des mathématiques. Ça, ça doit être sans danger pour ma foi.

Petit problème : impossible pour moi de tenir le choc. Béatrice n'est plus dans ma classe. J'ai perdu ma meilleure amie. Je me retrouve dans une classe où, 34 h par semaine, s'entassent les jeunes dont le système ne sait que faire. Bienvenue dans la filière appelée « la poubelle du lycée général » !

Pourtant, pendant de longues semaines, je me bats. Par exemple, le mardi, je suis 9 h de cours (dont deux de sport), car j'ai choisi de rattraper mon retard en gestion, droit, économie, dactylographie et sténo. Après cette journée exténuante, je dois encore aller à la salle du Royaume. Pour ne pas rater la réunion, je reste dîner chez des amis habitant près du lycée. Quand les cours sont finis, je cours me changer. J'enfile la jupe que, la journée durant, j'ai trimbalé dans mon sac de sport. J'avale mon dîner en vitesse puis je retrouve mes parents à la salle pour deux heures de conseils bibliques qui m'envoient dans les bras de Morphée.

Bientôt, la fatigue s'accumule. Je n'arrive plus à suivre. Je jongle entre les urgences. Je sèche des cours pour finir à l'arrache les devoirs que je dois rendre. Je ne dors plus la nuit. Je m'assoupis le jour. Je vis mon Armageddon scolaire, ma grande tribulation… et, quelques mois plus tard, je rends les armes. J'ai seize ans, j'ai le droit de quitter l'école. Les discours de la dernière assemblée m'ont convaincue. Pourquoi perdre son temps pour le monde, plutôt que de se vouer à Jéhovah en prenant le service de pionnier ? Pourquoi risquer de chuter à cause de l'orgueil qui nous pousserait à avoir une belle situation puisque celle-ci nous imposerait un rythme de vie incompatible avec celui qu'exige Jéhovah ? Pourquoi rêver de devenir quelqu'un dans le monde, quelqu'un de riche, de connu, plutôt que de revêtir l'habit d'humilité et d'offrir pleinement sa vie à Jéhovah ? Risquer de perdre la vie éternelle dans cette vie qui n'est qu'un brouillon alors que le paradis nous tend les bras, quelle tentation absurde !

À l'évidence, je n'ai pas le choix. Je mets ma mère et Jean-Pierre devant le fait accompli (mon père n'a plus son mot à dire depuis qu'il a refusé de m'accueillir chez lui aux conditions imposées par mon beau-père). J'arrête le lycée ou je quitte l'Organisation.

*

Aujourd'hui, il m'arrive de repenser à mon éducation et aux mille manières dont le fait d'avoir été Témoin a influé sur elle. J'y repense surtout quand je tombe sur des articles qui parlent aux jeunes. En écrivant ce livre, j'ai retrouvé un exemplaire du *Ministère du Royaume*, un petit journal que l'on étudie le mardi soir. On y trouve l'ensemble des directives détaillées sur la conduite d'un bon Témoin, les informations complémentaires sur l'activité de prédication, mille détails qui s'empilent...

En septembre, le marronnier de l'école s'impose pour mettre la pression aux jeunes fidèles, les appeler à la méfiance contre les enseignants du monde et, insidieusement, les inciter à arrêter les études au plus vite. L'école ne doit pas être un lieu pour apprendre mais pour rendre témoignage à Jéhovah.

> La rentrée des classes a lieu en septembre. Pour beaucoup d'entre vous, jeunes Témoins, cela signifie faire la connaissance de nouveaux enseignants, découvrir de nouvelles matières et rencontrer de nouveaux problèmes. À l'école, vous recevez une instruction, mais vous pouvez aussi instruire les autres. Vous avez en effet l'occasion de faire connaître la bonne nouvelle du Royaume à vos professeurs et à vos camarades de classe. Si vous donnez efficacement le témoignage à l'école, vous louerez le nom de Jéhovah et vous vous procurerez une satisfaction et une joie sans borne.[1]

En effet, dans la logique jéhoviste, l'école est le lieu des tentations. C'est un espace qui risque de corroder la foi du jeune croyant.

---

1. *KM* 9/85, p. 3 (https://wol.jw.org/fr/wol/d/r30/lp-f/201985326).

D'une façon générale, l'interaction avec les gens du monde est périlleuse ; et, d'une façon spécifique, les études sont néfastes à double titre : d'une part, les programmes sont décidés par des gens guidés par le diable ; d'autre part, apprendre, c'est risquer de se mettre à réfléchir en s'appuyant sur des connaissances sataniques. Puisque la République nous oblige peu ou prou à aller à l'école, il faut donc que le jeune Témoin se méfie des autres et « prenne position ».

*

Après des années à ce régime, je suis usée. Mal dans ma peau, dans ma vie, dans mon identité, je me réfugie dans la religion. Pourquoi m'obligerais-je à souffrir alors que Jéhovah ne va pas tarder à débarquer ? On m'annonce sa venue depuis mon plus jeune âge. J'en déduis qu'elle est extrêmement proche, désormais. On m'a assuré que cela arriverait avant que je n'aie des enfants. Par conséquent, face à cette imminence et étant donnée ma fragilité, je dois renforcer ma foi en m'écartant du monde.

Pas question de quitter cette foi qui m'a construite ! Tout ce que je ressens passe à travers elle. Elle est mon filtre, le prisme qui me permet de comprendre le monde qui m'entoure. Personne du « monde » n'a de contre-proposition valable à me soumettre. Pour moi, le monde, c'est le vide, la superficialité, la vie immorale, les grossesses en dehors du mariage, les avortements, l'alcoolisme, la violence gratuite, l'oubli de l'intérêt général... et la liste n'est pas exhaustive. Non, je ne ferai pas cette folie de tomber dans cette dépravation dégradante. Et, pour être sûre de ne pas me laisser tenter par la rupture, je me coupe des autres.

Ma sœur vient à mon secours. Elle décide de louer un studio et me propose de venir vivre avec elle. Nous négocions avec nos parents. Nous obtenons gain de cause. Quelque temps plus tard, je revis, mais c'est trop tard, j'ai quitté l'école. Mon seul diplôme ? Le Brevet des collèges. Mes parents me payent des cours par correspondance à l'école Scheidegger, comme ma mère avait étudié *via* l'école Pigier, trente ans auparavant. J'apprends à taper à la machine et à écrire des lettres. J'aimerais prendre du champ et aller en Angleterre, quitte à suivre le chemin de ma sœur, toujours célibataire et encore vierge parce qu'elle ne trouve personne à son goût dans la communauté, et réciproquement.

22.

LE PREMIER PAS

Début 1984, entre mes doutes rémanents et ma foi profonde, j'ai tranché : je décide de me préparer sérieusement au baptême.

Ce n'est pas une décision qui se prend à la légère et je suis persuadée qu'en étudiant le livre *Dois-je me vouer à Dieu et me faire baptiser ?*[1], je serai pleinement consciente du bien-fondé de ma décision. Avant de solliciter l'onction, il faut étudier la Bible et assister à des centaines de réunions où j'ai suivi mes parents. Je ne sais pas tout, mais je connais les enseignements de base du Livre ainsi que l'exige la doctrine[2]. J'ai répondu aux questions d'un chapitre intitulé : « *Que nous enseigne la Bible ?* »[3] J'ai la foi, et je l'ai prouvé. J'ai eu droit à trois rendez-vous avec un ancien pour examiner mes connaissances et dispositions. Dans mon projet, j'ai un avantage conséquent. Je viens d'avoir dix-sept ans et je corresponds parfaitement au thème de notre assemblée de district : « L'accroissement du royaume ».

En France, cette année-là, les « proclamateurs actifs » (nom donné à ceux qui prêchent tous les mois) frisent les 80 000. L'assistance aux assemblées dépasse les 100 000 personnes depuis l'année dernière. Les « inactifs » sont des proclamateurs qui ne prêchent plus depuis au moins six mois, tandis que les « irréguliers », comme leur nom

---

1. https://www.jw.org/fr/biblioth%C3%A8que/livres/cours-biblique/le-bapteme/
2. https://www.jw.org/fr/biblioth%C3%A8que/livres/cours-biblique/le-bapteme/
3. https://www.jw.org/fr/biblioth%C3%A8que/livres/cours-biblique/

l'indique, ne rendent pas de rapports chaque mois. Un « rapport »
est un petit bout de papier qu'il faut remplir et mettre dans une
boîte dédiée. Grâce à ces informations, les anciens calculent la
moyenne et examinent tant l'activité que l'efficience de leurs brebis.

Il faut toujours prêcher plus, toujours prêcher mieux, toujours
attirer de nouveaux Témoins. Dans cette perspective, les prêcheurs
sont sollicités et contrôlés avec acuité. Les résultats sont là. En 1984,
les chiffres officiels annoncent que le nombre de pionniers auxiliaires a crû de 39 % et que, chaque mois, les proclamateurs ont
consacré en moyenne 11 heures à la prédication (moyenne calculée
grâce aux fameux rapports).

Pour accompagner l'expansion de l'œuvre, la Société a dû
augmenter de 10 % le nombre des membres de la famille du
Béthel. À présent, 7 233 chrétiens œuvrent dans l'une ou l'autre
de ses filiales, qui sont disséminées sur la planète. Ces travailleurs
zélés ont produit la quantité impressionnante – et très précise – de
59 188 650 Bibles, livres et brochures, ainsi que 503 500 555 exemplaires de *La Tour de garde* et de *Réveillez-vous !* en 102 langues, sans
parler des feuilles d'invitation, des dépliants et d'autres écrits qui se
comptent également par millions. Quant à la Société, elle a consacré
au soutien de l'activité de prédication quelque 19,5 millions de
dollars (soit environ 171 millions de francs de l'époque, l'équivalent
selon l'Insee de 53,4 millions d'euros d'aujourd'hui, si l'on prend en
compte l'inflation). La somme vise à couvrir les frais des milliers de
pionniers spéciaux, de surveillants itinérants et de missionnaires.

*

Devant les chiffres faramineux qu'arbore la Watchtower, les
adorateurs de Jéhovah sont appelés à constater qu'« il y a plus de

bonheur à donner qu'à recevoir » (Ac 20:35). Aussi les Témoins sont-ils doublement généreux envers l'Organisation.

D'une part, nous sommes généreux en espèces sonnantes et trébuchantes. Nos dons importants permettent de dépenser plus pour gagner davantage de fidèles. Les faits semblent donner raison à l'Organisation. Les missionnaires s'activent à évangéliser pour Jéhovah et, de la sorte, sauver l'humanité. Leur acharnement paye, même dans les pays où l'œuvre est interdite. Parmi les nouvelles religions, les témoins de Jéhovah se révèlent être l'organisation la plus puissante et la mieux organisée pour diffuser ses publications. Tout est huilé. Structuré. Et ça marche ! Notre succès ne se dément pas et rend nos ennemis fous de rage. Plus ils cherchent à nous salir, plus les chiffres prouvent que cela n'affecte en rien notre progression, surtout dans les pays africains et en Amérique latine.

D'autre part, les Témoins sont généreux de leur temps. Les anciens y veillent. Les proclamateurs sont au cœur de leurs préoccupations, car l'amour pour Dieu d'un Témoin se mesure à l'œuvre la plus importante qui lui incombe : le prêche. Si quelqu'un ne prêche plus ou s'il prêche peu, c'est qu'il ne va pas bien et qu'il lui faut de l'aide. Pas question de tricher au moment du bilan car, si l'on peut berner les hommes, nul ne peut entourlouper Dieu. L'exemple d'Ananias et Saphira est formel.

La Bible rapporte que ce couple avait vendu un champ pour aider les apôtres. Il a gardé une partie du fruit de la vente. Pierre l'a appris et, l'un après l'autre, ces coquins sont morts (Ac 5:1-11). Certes, de nos jours, ce genre de punition instantanée est obsolète. Néanmoins, lors d'Armageddon, Jéhovah ne manquera pas de frapper les menteurs au même titre que les autres suppôts de Satan.

Et le mensonge aux anciens n'est qu'un exemple. Le moindre moment de ma vie, la moindre décision que je prends, la moindre situation que j'affronte est régie par de multiples exemples qui grouillent dans ma tête. Ils en sortent automatiquement sous la forme d'un menu déroulant. J'en ai à la pelle ! Ma conscience est en ébullition. Elle sait ce qui est bien et ce qui est mal. Elle sait que nous vivons les derniers jours de l'humanité. Elle sait que je dois être sauvée. Pour cela, le baptême est un premier pas.

23.
L'ODEUR DE LA CIGARETTE

En juillet 1984, à Grenoble, je suis baptisée avec quatre autres jeunes de ma congrégation. Me voilà remise sur de bons rails. J'ai enfin trouvé ma voie, même si je rêve encore de vivre en chantant, et même si Céline Dion me donne toujours envie de devenir une autre femme que celle que je suis. Pour l'instant, je satisfais mon propre public – ma congrégation. On me félicite. Pour une fois, je suis sur mon petit nuage.

Poussée par ma nouvelle condition de baptisée, j'affirme vouloir prêcher. Me voici pionner auxiliaire, ce qui exige de consacrer 60 h par mois à la prédication. En réalité, je n'en ai pas envie mais je ne peux pas y couper si je veux être considérée et me protéger du monde. J'en ai besoin. Recevoir un peu de reconnaissance en tant que fille spirituelle m'aidera à moins souffrir de frustrations moins spirituelles. Je veux que les miens soient fiers de moi.

La réalité, c'est que prêcher est contre ma nature. J'ai toujours eu horreur de la prédication. Combien de fois ai-je tremblé derrière une porte, à l'idée de tomber sur des camarades de classe ou des profs ! Combien de fois ai-je supplié la porte de ne pas s'ouvrir ! Combien de fois ai-je détesté les réflexions des gens que nous visitions, qu'elles soient agressives ou ironiques !

Ce n'est pas une question de répartie. Je sais tenir de vraies discussions avec des adultes, même de conviction opposée. La contradiction, l'argumentation, la polémique, ça ne m'effraie pas.

Je sais prendre le temps d'écouter mes interlocuteurs. Je sais me fâcher quand la personne qui m'apostrophe ne me laisse pas parler, pensant que je suis à court d'arguments. Je sais prêcher. Je connais la méthode. Je baigne dedans depuis si longtemps...

Mon frère m'aide à me perfectionner. Toutes les semaines, nous étudions ensemble. Je suis impressionnée quand il sort sa Bible soigneusement annotée. Je suis loin d'avoir sa science, son aisance et, clairement, sa motivation. Cela contribue sans doute à mon peu d'inclination pour cette activité. Qu'importe, au fond, puisque mon manque d'appétit pour la prédication est un signe que Satan me met à l'épreuve. En étudiant et en prêchant, je repousse le diable et je m'offre en sacrifice à Jéhovah.

Par conséquent, bien que je déteste partir à l'assaut des gens du monde, je tiens à ce que ce travail soit fait avec exigence et engagement. Or, on ne prêche efficacement qu'avec un bon binôme, et je n'aime pas prêcher avec n'importe qui. Je trouve souvent mes accompagnateurs trop superficiels. Ce constat me pousse à lire davantage les publications de l'Organisation. Je dois être meilleure moi-même avant de rejeter la faute de mes limites sur les autres. Je le dois à Jéhovah ; je le dois aux gens du monde qu'il me faut sauver ; et je le dois à ma communauté.

Partant, je m'y astreins avec obstination. Hélas, cela ne suffit pas à réduire au silence la petite voix qui me chuchote à l'oreille, encore et encore, que je perds mon temps, que je perds mon temps, que je perds mon temps...

*

Mon vrai désir ? Devenir chanteuse. Je veux chanter. Je veux que ce soit mon métier. Malheureusement, les seules chansons que j'entonne en public sont les cantiques de la Watchtower. Le début du psaume 100 le claironne : « Pousse des cris de triomphe vers Jéhovah, gens de toute la terre ! Entrez par ses portes avec des actions de grâces, dans ses cours avec des louanges ! »

Encore une fois, je me retrouve tiraillée entre mes élans mystiques et mes frustrations humaines. Un jour, l'impression de me fourvoyer dans mes activités de pionnier est la plus forte ; le lendemain, je suis transportée en lisant que « des millions d'hommes et de femmes obéissants ont été introduits dans ces cours saintes où ils ont apporté leurs louanges et leurs actions de grâces. Le 15 avril 1984, plus de sept millions de personnes ont assisté au Mémorial et, sur ce nombre, plus d'un tiers servent fidèlement Jéhovah »[1]. Mots et chiffres me galvanisent. L'accroissement du nombre de fidèles et le succès mondial de la prédication ne prouvent-ils pas qu'être membre du peuple de Jéhovah, le seul vrai Dieu, c'est être dans la vérité ?

*

Cet été-là, ma mère, mon beau-père, ma sœur et moi partons au Maroc, où Jean-Pierre a grandi. Quinze jours sans réunion, sans prédication (c'est interdit dans le royaume), juste des vacances avant mon départ en Angleterre.

Sur place, j'ai beaucoup de succès auprès des hommes que je croise. Il faut me surveiller de près. Régulièrement, on veut m'échanger contre des chameaux !

À l'hôtel, je croise un rêve en chair et en os. C'est un vieux-mais-pas-trop-quand-même (il a une trentaine d'années). Il a des yeux

---

1. Source : annuaire 1985 des témoins de Jéhovah.

verts à tomber. Le reste est à la hauteur. De mère bretonne, il parle arabe car son père est marocain. Le soir, je sens ou je devine l'odeur de la cigarette qu'il fume sur notre propre terrasse. Il m'attend avec ses copains. Je les entends chuchoter. Ils doivent s'impatienter car une tête passe par le rideau.

Surprise, je pousse un petit cri. À l'autre bout de la chambre, mes parents se réveillent et demandent ce qui se passe. Je les rassure en prétendant avoir aperçu une araignée. J'ai très envie de sortir, mais comment faire ? L'appel de la fenêtre et du rideau qui claque m'empêche de dormir une bonne partie de la nuit.

J'y vais ?

J'y vais pas ?

Jouant la sécurité, je résiste à la tentation. Même quand toute la smala dort profondément, je ne sors pas en cachette. Je viens d'être baptisée, c'est un peu tôt pour être exclue !

En moi, pourtant, ça bouillonne. Je suis une lolita en attente de ses premières expériences. Le lendemain matin, je m'empresse de balayer les dizaines de mégots de cigarette accumulés devant la baie vitrée. Mon soupirant partait de bonne heure ce matin à l'autre bout du Maroc. Ai-je évité une catastrophe ? Ma mère et Jean-Pierre ne se rendent compte de rien (ou ils le cachent !) ; et ma sœur est simplement soulagée que nous rentrions bientôt en France...

L'AVANTAGE DE LA FIN DU MONDE

Avant mon départ pour l'Angleterre, ma sœur est invitée à un mariage et elle m'emmène avec elle. J'adore ces moments où l'on est ensemble. Je me sens libre. La présence de ma sœur me rassérène. Elle dégage un calme bienfaisant. Surtout, contrairement à notre frère, ma sœur n'est pas toujours en train de réfléchir à tel ou tel principe de la Bible qu'il faut respecter.

Donc je l'accompagne avec joie, d'autant que, chez les Témoins comme chez les gens du monde, les mariages sont avant tout un temps de rencontres familiales mais aussi clairement l'occasion de draguer s'il y a une ouverture ! Et là, ce jour là, il n'y a non pas une mais deux ouvertures. Sans le savoir, à l'occasion de cette ultime cérémonie avant mon escapade outre-Manche, ma sœur et moi allons rencontrer chacune notre futur conjoint.

Lors du repas, je me retrouve en face d'un jeune assez mignon, musicien, original et cultivé. Puisqu'il fait partie du groupe qui anime la soirée, il me demande si j'ai envie d'interpréter une chanson. J'accepte. J'arrive sur scène et je choisis « La maladie d'amour ». Il pense que je vais avoir du mal à grimper dans les aigus chers à Michel Sardou. Il se met au piano et me rappelle que je peux m'arrêter quand la mélodie montera trop haut. Je ris et lui lance :

– Ne t'inquiète pas pour moi !

À sa grande stupeur et à ma non moins grande satisfaction, je grimpe les notes aussi facilement qu'un escalier. J'ai mon petit effet.

Ensuite, je danse beaucoup. Désormais, je n'ai plus envie de quitter mon pays. Je suis amoureuse.

*

La mort dans l'âme, je pars rejoindre la famille de témoins de Jéhovah qui a reçu ma sœur quatre ans auparavant. D'emblée, je me demande comment elle s'est débrouillée pour tenir un an chez eux. Foin de circonvolutions : d'après moi, ces gens ne sont pas étranges, ils sont cinglés.

Jennyfer est du genre lunatique. Patrik, son mari, est un ancien. Ils sont sans saveur, sans charisme, d'une platitude exaspérante. Jennyfer compense son absence de lumière intérieure par des réactions capricieuses et méchantes. Ma sœur m'a prévenue. Malgré cette agressivité presque palpable, je refuse de fuir d'emblée. Je ne veux pas passer pour une petite capricieuse. Je me plonge dans mes cours par correspondance. Le reste du temps, je nettoie, bichonne et brique la maison.

Je tiens trois mois. Quand l'orage éclate entre Jennyfer et moi, je prends la poudre d'escampette et me réfugie chez Irene, une autre sœur avec qui j'ai sympathisé. Je ne veux plus remettre les pieds chez Patrik. Cependant, avant de m'installer dans ma nouvelle maison, je fais un saut en France, et j'en profite pour voir celui que j'appelle « mon musicien ».

Je l'aime, je l'aime, je l'aime – voilà, je crois que j'ai relativement bien exprimé ce que je ressens : JE L'AIME !

À l'opposé de ma fougue intérieure, Irene incarne la sagesse. Elle a les cheveux blancs au carré, des yeux bruns francs et lumineux, un éclat de rire voluptueux, une solide stature. Surtout, elle a besoin de moi. Elle me propose de m'occuper de sa petite fille handicapée et de faire une heure de ménage par jour. En échange, je serai nourrie, logée, défrayée, et je pourrais prendre le service de pionnier. Elle avait donc une idée derrière la tête, la sage Irene, non à son profit mais pour le service de Jéhovah...

Dans la communauté locale, mon hôtesse cumule deux distinctions prestigieuses : elle est pionnier permanent et « membre oint ». Habiter chez une telle élue est un privilège ! Depuis que je suis petite, lors du Mémorial, j'épie celui ou celle qui « prendrait les emblèmes », mais nous n'en avons pas dans ma congrégation. Ce n'est pas surprenant car ils sont peu nombreux.

*

Les membres oints ont la chance d'avoir été choisis par Dieu pour vivre au ciel directement après leur mort, c'est-à-dire qu'ils ne connaissent pas la décrépitude du corps comme ceux qui attendent la résurrection. J'ai souvent prié Dieu pour qu'il m'indique si j'étais l'une d'entre eux, mais je n'ai jamais eu de réponse. Avec Irene, j'ai une occasion en or de comprendre ce que l'on ressent quand Jéhovah vous choisit.

À ma stupéfaction, elle m'apprend qu'elle n'est baptisée que depuis quelques années. Avant, elle naviguait « dans les milieux artistiques ». En clair, elle chantait dans les cabarets. Ainsi, même quand on a mené une vie dissolue, on peut être destiné à vivre au ciel ? Sans doute est-ce parce que Jéhovah ne choisit pas ses membres oints à l'aune de leur mérite mais selon des critères qui lui sont propres. Sa liberté omnipotente n'a rien à voir avec la logique des hommes.

Les membres oints sont comme vous et moi, à une qualité près qui n'est certes pas un détail : ils ont été élus par Jéhovah afin de représenter un échantillon d'humains. Les oints sont censés régner avec Jésus au ciel, quand son père l'intronisera pour régir le monde. Dans son amour, Jéhovah a tout prévu. Un groupe d'humains qui ont forcément connu les problèmes et les faiblesses humains doivent régner en tant que grands prêtres avec son fils pendant mille ans, afin que plus jamais l'on ne remette en cause la souveraineté de son royaume.

Les membres oints savent quand ils sont choisis (ou élus) parce que la vie sur Terre ne les intéresse plus. Ils ne voient rien d'autre que le ciel. Ils n'aspirent plus à vivre ici-bas. Ils sont détachés des basses choses matérielles.

Une telle perfection me pousse à douter. Les anciens aussi trouvent que tout n'est pas net car la congrégation qui m'accueille en Angleterre a connu une épidémie d'appels. Cinq proclamateurs se sont déclarés « oints » ces dernières années, alors que ces membres sont, toujours d'après la société Watchtower, en diminution constante.

Les membres oints sont censés avoir été élus à partir de la Pentecôte de l'an 33 de notre ère lors de l'ascension de Jésus au ciel, quarante jours après sa résurrection. Leur nombre a surtout augmenté après la Première Guerre mondiale. On considère en général que, un peu comme les *bitcoins*, il est décroissant voire clos à ceci près que les membres oints exclus peuvent, seuls, amener Dieu à en choisir de nouveaux.

Irene est gentille, mais ses explications ne me convainquent pas. J'aurais pu tenir exactement le même discours qu'elle. À vrai dire, sans remettre en cause sa sincérité, je suis plus que déçue par son témoignage. Moi aussi, j'ai éprouvé des sentiments très forts envers Jéhovah, allant jusqu'à des formes d'extase spirituelle. Moi aussi, je me sens très proche de mon créateur. Moi aussi, j'ai souvent envie de ne plus rien faire sur cette Terre. Pourtant, je veux croire à l'honnêteté d'Irene, et j'ai une explication à son ressenti. Il arrive que des Témoins qui viennent des ténèbres du monde s'aveuglent de « lumière » quand ils rejoignent notre communauté. Depuis longtemps, j'ai souvent constaté qu'il existait une différence de vision et d'attitude entre ceux qui sont nés Témoins et ceux qui le deviennent...

*

Ne souhaitant pas décevoir mon hôtesse à mon tour, je suis devenue comme convenu pionnier auxiliaire. Au fil des échanges, cordiaux ou hostiles, mon anglais s'améliore. Il m'arrive même de prêcher seule. Je parcours les routes à vélo. Je gagne un peu ma vie mais mon père m'aide financièrement. Il est satisfait que sa fille lui renvoie une image positive de croyante investie dans sa mission céleste. Il est surtout rassuré que, malgré la tempête qui a brisé son couple, ses enfants soient restés dans le droit chemin. Ce n'est pas si fréquent !

Au fond de mon cœur, l'amour de Jéhovah côtoie l'amour que j'éprouve pour « mon musicien ». Nous nous écrivons beaucoup. Je suis convaincue que c'est le Témoin de ma vie, même s'il a l'air plus jeune que moi. Tant pis, les garçons, on le sait, ça mûrit plus tard que les filles.

Je l'aime parce qu'il est gentil. Ma mère m'a toujours dit qu'un garçon doux avec sa mère sera doux avec sa femme. Mon musicien est doux avec sa mère. Cela m'encourage.

Ma mère et Jean-Pierre pensent que je ne vais faire qu'une bouchée de lui. Ils me glissent qu'ils ne me voient pas avec un jeune « comme lui ». Parlent-ils de la différence de situation sociale ? Ce

24. L'avantage de la fin du monde

serait le comble pour des Témoins ! Ils ne m'en disent pas davantage, comme ils ont l'habitude de le faire pour les croyances jéhovistes. Je reste donc sur ma faim. Si mon élu a l'air trop jeune, il mûrira. Et sinon...

Sinon, je ne comprends pas ce qu'ils insinuent. La réalité est simple comme bonjour : j'ai envie d'avoir un petit copain, je vais avoir dix huit ans, il est plus que temps que je rencontre l'amour. Je préfère les hommes mûrs et j'aimerais continuer de vivre dans le confort mais je suis pressée, et quel autre Témoin choisir ? Chez nous, qui d'autre joue de la musique ? Qui d'autre est à la fac ? Qui d'autre est capable de monter sur scène et d'animer un mariage ? Personne. Et puis, pourquoi s'inquiéter de l'avenir puisque c'est bientôt la fin du monde ?

25.
LE CHAT ET LA SOURIS

J'ai travaillé six mois en tant que pionnier. Je suis lessivée.

À la fin de mon engagement, mon amoureux vient me chercher en Angleterre, escorté par mes parents. La semaine prochaine, je serai sa fiancée. Sur le bateau du retour, j'ai un drôle de sentiment. J'ai l'impression de m'emprisonner. De me vitrifier. Bref, de commettre une terrible erreur. J'en parle à ma sœur. Bien qu'elle n'ait aucune expérience en la matière, elle me juge versatile. Je me jure de ne plus me confier à elle.

J'essaye de me rassurer avec cette technique qui devient plus une manie qu'une habitude : je liste ce qui va mal dans le monde. C'est très pratique. Ça colle avec tout. En effet, chaque catastrophe indique que l'on se rapproche de l'intervention divine. Or, si Armageddon survient prochainement, je n'aurai pas été longtemps emprisonnée ! Alors je continue de peindre ma petite cage dorée.

*

Mon père m'offre une bague car mon fiancé est impécunieux. Il est étudiant en deuxième année de musicologie. Cela signifie *a minima* que lui a le bac, contrairement à la plupart de mes amis Témoins (de mes amis, donc).

Désormais, à la salle, à presque dix-huit ans, je peux me tenir à côté de mon fiancé. Je tiens ma *Tour de garde* à la main. On y parle du jour de vengeance de Jéhovah. Il approche. Nul n'en peut douter. Et même les signes d'apaisement annoncent la catastrophe. En effet, comme Matthieu exigeant des fidèles qu'ils veillent car nous ne savons pas quand viendra le jour (Mt 24:42), l'apôtre Paul a prévenu que le jour de Jéhovah viendrait « exactement comme un voleur dans la nuit. Quand ils diront : "Paix et sécurité !", alors une destruction soudaine doit être tout de suite sur eux, comme les affres de l'angoisse sur la femme enceinte » (1Th, 5:2). Or, le pape a décrété que 1986 serait justement l'année de la paix.

Coïncidence ? Que nenni ! Réalité scientifique ! C'est le signe que la destruction de Babylone va bientôt éclater… et le résultat est couru d'avance : les méchants « subiront le châtiment judiciaire de la destruction éternelle » (2Th, 1:7-9)[1]. Et le magazine d'ajouter :

> **Comment les prophéties qui concernaient l'antique Babylone nous aident-elles à exercer la foi dans celles qui touchent notre époque?**
> Rappelez-vous les nombreuses prophéties que des serviteurs inspirés par Dieu durent proclamer contre l'ancienne Babylone, la grande puissance mondiale qui exerça sa domination plusieurs siècles avant notre ère.
>
> Un auteur a calculé que les principales prophéties de la Bible contre Babylone avaient 1 chance sur 5 000 000 000 de se réaliser. On comprend que de nombreux serviteurs de Dieu des temps anciens se soient demandé comment ces prophéties pourraient jamais s'accomplir sur une puissance mondiale aussi forte et solidement établie que Babylone.
>
> Pourtant, les prophéties se réalisèrent, et jusque dans les moindres détails. De même, aujourd'hui, il peut sembler improbable que les

---

1. Pour un exposé mis à jour de ces thèmes, voir par exemple https://wol.jw.org/fr/wol/d/r30/lp-f/2005725.

hommes se mettent à proclamer: « Paix et sécurité ! », puis que la destruction s'abatte sur tout le système de choses mondial. Mais la Parole prophétique de Dieu affirme qu'il en sera bien ainsi.

Je suis dubitative. « *Un* auteur » ? Un, seulement un ? et quel est-il, cet auteur ? Les prophéties ont-elles été écrites avant ou après les événements qu'elles évoquent ? Étaient-elles claires et précises, ou n'étaient-ce que des propos sibyllins prêtant le flanc à mille interprétations ?

Je me pose toujours des questions. C'est plus fort que moi. J'ai pourtant étudié plein de livres de l'Organisation qui démontrent que tout est vrai. J'ai appris les preuves. J'ai lu les objections de certains archéologues et les réponses sans appel d'autres spécialistes qui, d'une manière imparable, sapent ces contradictions et les décrédibi-lisent. Certes, je n'ai pas accès aux autres écrits du monde, et alors ? Qu'est-ce que ça changerait ? Mon frère a vérifié, lui. Je devrais avoir confiance. Ce serait plus raisonnable et moins oppressant.

Alors, je lis la petite question, et je trouve la réponse dans le paragraphe qui suit. Je n'improvise pas. Je me suis préparée à la maison. J'ai souligné ma *Tour de garde* au marqueur jaune et rose. C'est pratique et surtout stratégique : ainsi, chacun peut voir que je suis une fille studieuse et spirituelle. Quand j'ai envie de répondre, je lève la main en attendant que le frère m'apporte le micro, afin d'être intelligible de chacun. En général, j'ai la bonne voire l'excel-lente réponse.

Plusieurs fois par réunion, je démontre que je suis une bonne élève. J'ai une voix douce, claire, posée ; je m'exprime sans bégayer, je lis sans buter et je présente bien. Je suis le parfait exemple de ce que l'on attend d'une jeune sœur. Ma mise est correcte : ma jupe couvre consciencieusement les genoux. Je fais honneur à Jéhovah.

*

La taille de la jupe est un incontournable du jeu du chat et de la souris que, avec d'autres sœurs, nous avons entamé avec les règles de l'Organisation. En effet, d'un côté, il y a les obligations de décence imposées par l'Organisation par égard pour Jéhovah ; de l'autre, il y a notre refus de jeunes filles d'être fagotées comme des mormones. Nous aimons aller presque trop loin. Dans ce monde corseté, rien n'est plus excitant que d'être à la lisière, à la fois un peu trop olé-olé pour les ronchons les plus prudes, et cependant irréprochables d'un strict point de vue du règlement, tacite ou explicite.

Parfois, nous nous apercevons un peu tard que notre jupe va nous valoir une réprimande car, quand nous serons assises, un regard concupiscent risque de surprendre la rondeur tellement érotique d'une rotule. Dans ce cas, il n'y a que deux solutions : tirer sur le tissu (en veillant à ne pas trop l'abaisser) et, pour les cas désespérés, attraper le blouson d'un gamin et le poser sur ses cuisses.

Il faut avoir été élevée parmi les Témoins pour maîtriser ce genre d'astuces et jouir du frisson glacé qui nous parcourt l'échine quand nous furetons sur la ligne de crête qui sépare l'autorisé de l'interdit. Quand de jeunes Témoins s'amourachent de filles du monde, ils omettent souvent de les préparer à ce qui les attend. Les pauvres débarquent aux réunions dans leur tenue de ville. Brève sera la fête aux vêtements moulants, décolletés généreux, transparences suggestives et strings apparents. Si elles tiennent le choc, elles devront apprendre le délicat équilibre entre le costume de vieille fille et celui qui permet de se sentir belle sans que ne bêlent les rabat-joie. Aucun ancien ne peut empêcher une jeune fidèle de profiter de son *sex-appeal...* tant que celle-ci a appris à contenir sa sensualité dans les limites du bon goût jéhoviste !

26.
LA PREMIÈRE FOIS

Pourquoi jouer les mijaurées ? Oui, on peut être une jeune fidèle de Jéhovah, dotée d'une foi sincère, et *avoir envie*. Envie de plaire, d'attirer le regard, de conter fleurette de façon plus ou moins poussée et, *in fine*, de concrétiser une attraction mutuelle. Pour autant, aguicher ainsi que s'y abaissent les chèvres du monde ? Vous n'y pensez pas !

En réalité, bien sûr que j'y pense... mais je dois tenir. Je vais bientôt me marier, et la grande tribulation ne saurait tarder. Je dois tenir bon. Bientôt, j'abandonnerai mon boulot (je suis devenue standardiste dans une entreprise de machines-outils). Retenue entre mon appartement minable et la salle du Royaume, je serai enfin débarrassée de tous ces gens du monde qui se moquent de ma religion ou me draguent parce qu'ils veulent coucher avec moi. Je ne penserai plus à séduire et, à son arrivée, Jéhovah me trouvera parfaite et pure.

*

Parfaite, je ne sais pas ; mais pure, c'est raté.

J'ai commis la fornication.

Avec mon futur mari, soit. Malgré moi, soit. Reste la vérité, la seule qui compte pour Jéhovah : je n'arriverai pas vierge à mon mariage. Sans repentir sincère, je ne serai pas sauvée.

*

À mon retour d'Angleterre, en juin 1986, mes futurs beaux-parents m'ont accueillie, le temps que je trouve un travail et un appartement. La maison est minuscule. Je partage une chambre de 10 m² avec le petit frère de mon fiancé. « Mon musicien » dort dans le canapé. Une nuit, quand je sors des toilettes, il est là. Il m'embrasse et me cajole. Je trouve que ça va trop loin et file dans mon lit. Il m'y rejoint et se glisse sous les draps pour que personne ne l'entende.

Ma première expérience sexuelle se déroule donc dans des conditions horribles, à un mètre du lit d'un gamin de neuf ans. Évidemment, moi aussi, j'ai très envie de faire l'amour, mais certainement pas ici, et encore moins avant le mariage ! Je viens de passer six mois à prêcher en tant que pionnier auxiliaire en Angleterre, j'ai consenti beaucoup d'efforts pour résister à mille tentations – tout ça pour chuter aussi lamentablement.

Je me retiens de respirer et de gémir même si j'ai mal car je me sens coupable. Je ne veux pas ajouter le scandale à la faute, alors je n'ose pas le repousser. Qu'auraient pensé ses parents, son frère, les miens, si j'avais crié ?

Pourtant, les articles dans les publications sont sans appel : il fallait crier ! En effet,

> si une chrétienne ne crie pas et ne fait pas tout son possible pour fuir, on peut considérer qu'elle s'est prêtée au viol. Lorsqu'une chrétienne se trouve devant une telle situation, elle doit crier et faire preuve de courage pour agir selon les conseils des Écritures, afin de rester pure et d'obéir aux commandements de Dieu. En réalité, ces conseils sont donnés pour son bien car, si elle se soumettait

aux désirs passionnés de l'homme, non seulement elle se prêterait complaisamment à la fornication ou à l'adultère, mais encore elle se couvrirait de honte. Elle n'aurait pas seulement été victime d'un acte ignoble mais elle aurait aussi violé la loi de Dieu en ayant eu des relations sexuelles avec un autre que son conjoint légal, ce qui serait aussi une cause de honte.[1]

Il me faudra du temps pour comprendre que j'ai été victime de ce qui serait qualifié, quarante ans plus tard, d'abus sexuel. J'ai subi ma première relation sans oser dire non, parce que m'y opposer aurait réveillé toute la maisonnée avec les conséquences que vous imaginez.

Le pire, c'est l'angoisse qui m'étreint : et si c'était ma faute ? Peut-être n'aurais-je pas dû aller aux toilettes en peignoir... N'est-ce pas moi qui ai poussé « mon musicien » au crime ? Tant pis, la souillure est trop importante. Impossible de garder le silence. Je dois révéler la vérité. La jeune fille sage qui répond bien aux questions pendant les réunions est une dévergondée indigne de Jéhovah. Comment vais-je vivre avec cette tache et ce péché ?

---

1. « Questions des lecteurs » *in : La Tour de garde*, 1er octobre 1964, pp. 607-608.

27.
LA DÉSOLATION

En plus d'avoir souffert physiquement, je me sens mal psycho-logiquement. Très mal. Ma conscience me torture, aiguisée comme les lames du couteau d'un boucher. Coupable ou pas de ce qui s'est passé, je suis en état de damnation. Pour espérer ne pas perdre la vie éternelle, ma seule échappatoire est d'avouer mon crime aux anciens. Faute de quoi, je n'aurai pas la vie éternelle. Je pourrais même mettre en danger la congrégation entière ! Jéhovah retirerait son Esprit saint à mes frères et sœurs.

Je ne veux pas être responsable de ce drame, même si je devine que le prix à payer sera gigantesque.

*

Dès le lendemain, je repars chez mes parents. Mon fiancé est devenu mon ennemi. Étrangement, peut-être, je crois que je l'aime encore plus depuis qu'il risque de tout perdre.

Quand je lui avoue ma faute, ma mère est très à l'écoute. Ayant forniqué avec un homme qui n'était pas son époux, elle ne peut que compatir à mon désarroi spirituel. Pourtant, la comparaison me hérisse. Nos deux situations n'ont rien à voir. Elle, elle était mariée, et elle a décidé d'aller voir ailleurs pendant deux ans avant de se sentir coupable ! Moi, ma faute m'a mortifiée sur-le-champ.

Cependant, sa compréhension adoucit mon dégoût de moi-même et affaiblit ma colère. Au lieu de me rebiffer contre celui qui ne m'a pas respectée, je me laisse séduire par la petite chanson du pardon mutuel et de la bonté de Jéhovah, avec le couplet qui va bien : comment espérer obtenir le pardon de notre dieu si je ne pardonne pas en premier à celui qui m'a offensée ?

À nouveau, je suis perdue. Je cherche des conseils, mais j'ai soupé de ceux de ma mère. Je préfère la fuir. Mon père, mis au courant, m'évite. Je pense à repartir en Angleterre, mais je n'en ai pas envie. Autour de moi, personne à qui parler. Je ne connais que des Témoins, et je suis bien placée pour savoir ce qu'ils penseraient de moi : je le pense déjà. Pour ne rien arranger, je suis convoquée devant un comité judiciaire, un trio d'anciens (des hommes, forcément) qui, m'a averti ma mère, vont me bombarder de questions intimes. N'en jetez plus, la barque est pleine !

۞

Les trois anciens du comité, je les connais bien. Ils appartiennent à la congrégation où le crime spirituel a été commis. Ils nous demandent dans quelle situation il a été perpétré. J'en rajoute une couche en disant que mon fiancé n'arrêtait pas de me toucher en cachette, de passer sa main sous mon chandail quand on regardait la télé, alors même que son père était à côté. J'explique que je devais constamment dire « non » et le repousser.

Ma plaidoirie tombe à côté de la plaque. Je viens d'aggraver mon cas. Serais-je une allumeuse ?

– Si tu t'es tue longtemps, c'est que tu étais consentante, estime l'un des anciens. Tu n'étais pas retenue prisonnière, n'est-ce pas ?

– Non.

27. La désolation

– Alors, pourquoi es-tu restée ?

Je n'ai rien à répondre. C'est ma faute. Je n'ai pas crié. Bref, je l'ai cherché.

J'ai hâte que l'affaire soit expédiée. Au moment où je crois que cette triste comédie est finie, un ancien me retient et me demande :

– As-tu bien réfléchi ?

– À quoi ?

– Tu t'apprêtes à t'engager avec quelqu'un qui t'a forcé la main... De surcroît, cet homme a désobéi à Jéhovah. Qu'en penses-tu ?

Une fois de plus, je ne réponds pas. Je préfère ne pas y penser. Nous sommes jeunes et nous avons envie de consommer nos désirs comme n'importe quels jeunes de notre âge. Mon fiancé dit qu'il est désolé. Qu'il n'a pas pu résister. Que ça ne se reproduira plus – du moins, pas avant nos épousailles. Je veux le croire. Et puisqu'il paraît que nous sommes autant coupables l'un que l'autre, surtout moi...

28.
LA SIMPLICITÉ DE LA ROBE

Nous écopons d'une réprimande privée. En clair, notre nom ne sera pas cité du haut du pupitre. En revanche, pendant un an, nous ne pourrons plus répondre lors des réunions, et mon fiancé ne participera plus à la prière. Nous sommes invités à nous racheter en prêchant d'avantage.

La clémence de la sanction est une apparence, voire une hypocrisie. D'habitude, je réponds beaucoup ; par conséquent, mon silence va être remarqué. Et le discours sur la fornication qui sera prononcé concomitamment à mon silence pour prévenir qu'un péché a été commis finira de dévoiler en public ce qui était censé rester privé : nous avons anticipé le mariage.

Quand je sors du simulacre de tribunal, je croise mon futur beau-père en pétard. Il me promet que je serai exclue. Soumise, docile, humble, craignant aussi son caractère éruptif, je ne daigne pas lui répondre. D'autant que je connais le verdict : je ne suis pas exclue. Cela me suffit.

*

Mes noces avec « mon musicien » auront lieu dans quelques mois.

En attendant, plus question d'habiter chez ma future belle-famille. J'atterris chez une amie de mon fiancé. Elle a les mêmes soucis que moi. Alors que, chez elle, mon amoureux ne peut pas aller et venir comme il veut, les anciens estiment que cette amie n'est pas de bonne compagnie et pourrait m'influencer négativement. Je quitte donc cette demeure et déniche non sans mal un appartement à louer.

J'ai commencé à travailler, je n'ai pas encore de voiture et je prends le bus tous les matins de bonne heure. Du coup, mon fiancé débarque quand il veut chez moi, car je lui ai laissé une clé afin qu'il puisse étudier tranquillement quand je suis au travail. Cela lui évite de rentrer chez lui où l'ambiance est assez tendue. Au début, il est sérieux mais, un jour, il dépasse les bornes.

Ma porte s'ouvre en pleine nuit. Il est à la fois grisé par l'alcool et transi d'amour. Il est venu à vélo. Ma foi, je ne vais pas appeler Police Secours... Donc nous repassons une nuit de fornication avant le mariage. Il repart à l'aube et reviendra à plusieurs reprises. Au point où nous en sommes, nous ne dirons rien jusqu'au mariage. Si nous avouions notre très grande faute, nous n'aurions pas de discours à la salle lors de la cérémonie, ce qui serait la honte suprême.

*

D'une manière générale, j'ai passé un cap. Je ne suis plus prête à ce que quiconque se risque à me faire la morale à coups de versets de la Bible. Je fréquente des « gens du monde » au travail, et ils m'aident à voir autrement. En moi gronde la révolte...

... mais c'est une révolte mitigée. Quand arrive enfin le mariage, je suis rongée par la culpabilité. Honteuse malgré moi, je porte une robe d'une simplicité à pleurer. Je ne suis pas vraiment en révolte, ni contre les Témoins, ni contre Jéhovah : je suis en révolte et en soumission.

C'est pire, ça aussi.

29.
LE COMPLEXE IMMOBILIER

Dans les mois qui suivent, ma vie aurait pu basculer.

J'aurais pu dire stop, par exemple à l'occasion d'un second comité judiciaire qui confirme que nous sommes accueillis « sous restriction » à la salle et qui s'accompagne d'un discours pour dénoncer un péché commis dans la congrégation. Regard appuyé vers les jeunes mariés...

J'aurais aussi pu dire stop en constatant que je m'étais trompée. Je suis mariée depuis quelques mois, je devrais être heureuse, mais mon moteur est en sous-régime. Je croyais que le mariage et l'âge adulte allaient m'apporter la joie. Or, je me sens de plus en plus en incohérence avec moi-même. Bien sûr, ma nature ne m'aide pas, car j'analyse, j'excuse, je contextualise les choses qui me dépriment, je comprends les côtés extrêmes de mon mari qui me démontre son amour par des assauts quotidiens. Je suis tout pour lui au point que je le laisse m'enfermer dans une relation fusionnelle où je perds beaucoup d'énergie. Je suis consciente d'être enfin aimée, d'être prise, reprise, je suis reconnaissante, je partage cet amour, mais je reste sur ma faim. Le moteur ronronne alors que j'ai envie de passer une vitesse qui n'existe pas. Pas encore.

Mon mari doit faire son service militaire et donc subir le même sort que mon frère il y dix ans : la prison. Il part pour ses trois jours à Mâcon. Cette fois, je pense à dire stop. Concrètement, j'envisage de divorcer. J'y pense, j'y pense vraiment, j'y pense si concrètement que le scandale m'effraye. Puis je me dis que la séparation va me donner l'occasion de prendre ma vie en main.

En attendant, je vais dormir chez des amis, de jeunes témoins de Jéhovah eux aussi. Prudemment, j'exprime à demi-mot ce que je ressens. Ils ne me freinent pas, au contraire. Eux non plus ne sont pas très heureux dans leur couple. Leur union a été plus ou moins télécommandée par la congrégation. Nous apprivoisons nos confidences. Dans la complicité que permettent l'obscurité et la sympathie, nous nous comprenons. Nous passons une belle soirée. Je me dis que demain, quand je connaîtrai la durée d'emprisonnement de mon époux, je pourrai préparer ma sortie.

*

Le lendemain, on sonne à la porte. « Mon musicien » entre, le sourire aux lèvres et la voix radieuse. Il me prend dans ses bras et me dit :

– Je suis exempté ! Je suis exempté ! Je n'ai pas à faire mon service !

Comment est-ce possible ? Il a réussi à tromper le psychologue en jouant la comédie et en étant classé P4, c'est-à-dire atteint de troubles de la personnalité incompatibles avec le service militaire. Tout bascule. Je dois me réjouir, il ne peut en être autrement. Jéhovah a entendu et exaucé les prières de mon mari. Ma vie va continuer telle qu'elle était programmée.

Je l'aime et j'ai envie de mourir.

*

Je suis standardiste. Je décroche le téléphone toutes les trois minutes en moyenne, huit heures d'affilées et cinq jours sur sept.

Je transmets des messages, je me fais houspiller quand les appels n'aboutissent pas. Je dois aussi trier des factures et les archiver.

Passionnant.

Le *week-end*, en guise de respiration, je prêche et je vais à la salle du Royaume.

Le rêve.

Je vis dans un appartement avec, pour seul chauffage, un poêle à gaz dans le salon. L'hiver, à l'autre bout de ce maudit appartement si mal fichu, les chambres sont des congélateurs.

Mon mari veut devenir professeur de piano et donne ses cours à la maison. Quand je rentre le soir, je dois attendre tapie dans la chambre que les cours soient terminés. Je profite des fausses notes et autres canards insupportables !

Pour mon anniversaire de mariage, « mon musicien » m'offre une magnifique machine à coudre Singer. Instantanément, même si cela couvait depuis quelques mois, ce don réactive mon envie la plus férocc : mourir.

*

Pour oublier ces débuts chaotiques, nous nous engageons à participer à la construction d'une salle du Royaume. D'une *première* salle du Royaume, en fait, mais je ne le saurai que plus tard.

La société Watchtower a décidé de construire elle-même ses salles, en raison de la difficulté d'en louer. Elle a donc sollicité ses troupes.

La première salle à laquelle je participe est celle de Houtaud, non loin de Pontarlier. Un terrain a été acheté par la congrégation. Elle a emprunté à une banque au-dessus de tout soupçon : la Société elle-même. Je m'y rends un samedi. Les fondations ont été coulées la semaine précédente. Plusieurs centaines de Témoins sont prêts à s'investir durant le *week-end.*

L'ensemble des corps de métiers sont présents. Comme d'habitude, l'organisation est impressionnante. Le moindre détail est prévu, sauf en ce qui concerne la sûreté des intervenants. Par exemple, nous portons un casque de chantier mais pas de chaussures de sécurité. Autre exemple : je suis chargée de poser de la laine de verre alors que je n'ai pas de masque. Le samedi soir, je suis irritée de partout mais irradiée de lumière car j'ai aidé à construire une nouvelle salle du Royaume.

Le lendemain, je participe au montage des charpentes, et je cloue autant que je peux. Pour monter les tuiles, nous mettons en place une chaîne humaine, qui part du camion et va jusquà ceux qui œuvrent sur le toit. Ma paire de gants y laisse sa peau. Les voisins partis le vendredi après-midi vont avoir un choc en rentrant chez eux lundi !

*

L'inauguration de la salle a lieu le dimanche après-midi. Nous sommes deux cents à l'intérieur. Beaucoup d'autres témoins se massent à l'extérieur. Le journal régional célèbre l'événement en titrant : « Jéhovah, plus puissant que Bouygues ! » Tout a été financé par les bénévoles. La nourriture a été payée par les offrandes. Sur les photos, on ne voit que des gens propres sur eux qui sourient. Dans la zone concernée, pas un mégot de cigarette, et une efficience à faire blêmir Henry Ford en personne !

Sur ce modèle, les constructions de salles se multiplient et donnent un sens concret à la vie des fidèles. L'autre sens concret est pour la société Watchtower qui, outre les intérêts des prêts qu'elle encaisse, devient propriétaire d'un complexe immobilier inestimable pour sauver les impies.

30.
LE BOUT DU SOUFFLE

L'Organisation a fait ses comptes. Elle s'est aperçue, ô surprise, que le coût des locations pour un *week-end* disparaîtrait si elle devenait propriétaire. Le succès des salles, le témoignage que rendent ces bâtiments et, de surcroît, l'intérêt financier de la Société justifient largement la manœuvre.

Alors qu'il est déconseillé aux Témoins de devenir propriétaires (cela implique souvent un crédit, donc la tentation de travailler plus pour gagner plus, autant de temps passé dans le monde et loin des préoccupations jéhovistes), la Société, elle, s'enrichit pour le bien de son peuple, lequel pourra s'abriter dans ces salles lors de la grande tribulation.

Le projet de construction des salles est mondial et passe donc par la France. Lors d'une réunion, les anciens nous demandent de voter à main levée pour ou contre la construction d'une salle d'assemblée à Vienne, près de Lyon. Forcément, tout le monde y est favorable. Enfin, presque tout le monde. Une femme installée au premier rang vote contre. Elle n'est pas des nôtres depuis longtemps. D'origine parisienne, jadis orthophoniste, elle roule sur l'or. L'hiver, elle porte un manteau de vison et une magnifique toque de la même fourrure. Elle doit être habituée à donner son avis.

Son audace suscite mon admiration. En tant que femme, j'ai beau avoir du caractère, je sais que ce genre d'opposition frontale en cours de réunion frise l'inconvenance et le rappel à l'ordre. Comme elle est placée au premier rang quand elle lève la main pour voter contre, chacun a pu voir sa prise de position. Peut-être sa générosité à l'endroit de la communauté et le fait que son fils est pionnier permanent lui permettent-ils d'être aussi libre !

L'argent ne résout pas l'ensemble de nos problèmes, mais il aide parfois à en éviter certains...

*

Une fois acquise, la quasi unanimité révèle une difficulté : pour aboutir le projet, il faut des sous. Le budget annoncé est de plusieurs millions de francs. Même s'il est envisagé de le répartir entre plusieurs congrégations, c'est une somme ! Aussi les anciens visitent-ils chaque foyer pour encourager les proclamateurs qui travaillent à financer la construction davantage que les autres. Ils nous proposent de verser 5 000 francs par couple.

Dans notre foyer nous avons deux sources de revenu, même si mon mari ne donne que quelques cours de piano. Surtout, nous avons de graves fautes à nous faire pardonner. Fortement encouragé par les versets démontrant l'urgence de l'œuvre, mon mari décide de verser cette somme.

Je suis estomaquée. C'est davantage que mon salaire à temps plein ! Et ce, alors que nous n'avons pas d'argent de côté, que nous débutons dans la vie et que nous contribuons largement aux frais de la congrégation de notre ville ! Je serre les dents.

– Il y a plus de bonheur à donner qu'à recevoir, me répète-t-on.

*

Ce n'est qu'une brique de plus qui fracasse la vitrine de mon bonheur.

Depuis un bon moment, je ne vois plus ma vie en rose. J'ai l'impression de passer mon temps à courir. Je travaille 39 h par semaine pour un travail que je n'aime pas. Je prêche 10 à 12 h par mois. De plus, à titre évidemment bénévole, nous participons au ménage de la salle du Royaume. Avec les réunions et l'étude personnelle, je consacre 40 h par mois à Jéhovah, ce qui équivaut à une semaine bien chargée de travail en plus par rapport aux gens du monde. Dieu est grand, mais six semaines de travail par mois, c'est énorme quand cela apporte si peu de joie de vivre.

Nos beaux-parents nous invitent sans arrêt. Nous passons beaucoup de temps chez eux. Trop, certes. Cependant, comme, ainsi, nous économisons le prix des repas, nous acceptons. En échange, « mon musicien » aide son père à réparer sa voiture, à tondre la pelouse, à emporter un encombrant à la décharge, à couper du bois... Ma nouvelle vie n'a rien à voir avec ma vie de jeune fille qui pouvait jouer du piano et prenait le temps de vivre, loin de la ville, avec des parents qui n'étaient pas surinvestis dans les activités liées à Jéhovah. En bref, je suis à bout de souffle.

Mon couple aussi.

31.
L'UTILITÉ DE LA GROSSESSE

Au travail, un collègue me tourne autour depuis l'année dernière. Il est beau, il en impose. Lorsque je le vois débarquer, fier et élégant, dans sa voiture de fonction, je pense à mon mari qui lui, vient me chercher au travail avec les pinces à vélo encore accrochées au pantalon. La comparaison est cruelle.

Je ne crois pas que mon époux se doute que je ne suis pas insensible au gringue du collègue. Il est très possessif de nature. Moi, j'ai besoin de liberté. La friction est pénible, surtout que je lui confie mes doutes et que je ne cache pas mes frustrations. J'espère toujours que nous trouvions une solution ensemble.

*

En mars, je fais mon premier test de grossesse. Il est positif. Dieu soit loué, j'attends un bébé. Je saute de joie. Je vais donner la vie ! Je n'ai jamais été aussi heureuse...

... mais « mon musicien », lui, est effondré. Il a eu un petit frère. Il sait ce que c'est, un bébé. Donc il gémit :

– Cela va tout changer... On ne pourra plus rien faire...

Comme j'ai le sentiment que rien, c'est exactement ce que nous faisons, sa vision de notre avenir ne m'effraye pas. Enfin, j'ai l'impression d'avoir un projet à moi, qui vient de moi, de nous, et personne ne se risquera à le gâcher, pas même mon mari. Dans quelques mois, j'aurai une belle poussette et j'imiterai les sœurs que je regarde bercer leurs enfants pendant les assemblées. Je serai une maman de Témoin. Qu'on se le tienne pour dit !

*

Ah ! Comme je les ai enviées, ces mamans qui avaient une bonne excuse pour se lever alors que j'avais les fesses en carton à force de rester scotchée sur une chaise en plastique pendant des demi-heures et des demi-heures ! Grâce à mon bébé, bientôt, je n'aurai plus mal au séant pendant ces sessions interminables !

Sauf que non.

À tout moment, la vie peut doucher votre enthousiasme. Surtout quand vous êtes témoin de Jéhovah. Je n'y peux mais, les discours que j'entends en boucle à la salle m'angoissent. Comme au temps de mes parents, les sachants tonitruent : les temps de la fin sont très proches. On n'en sort pas. Dès lors, pourquoi faire des enfants ? Que vont devenir ces petits pendant la grande tribulation ? Réémerge l'histoire de Massada, cette forteresse assiégée, attaquée et brûlée par les Romains où les hommes décidèrent de suicider leurs femmes, leurs enfants, puis eux-mêmes plutôt que de se rendre[1].

On nous parle des mères qui ont mangé leurs propres enfants.

On nous rappelle les jours de Noé, où Dieu ferma la matrice des femmes, car aucune n'enfanta le temps de la construction de l'arche.

On nous répète que les enfants sont une charge car ils demandent beaucoup d'attention, alors qu'une femme au foyer pourrait devenir pionner.

---

1. https://wol.jw.org/fr/wol/d/r30/lp-f/1966284

Tant pis si le projet d'atrophie nataliste empiète sur la stratégie initiée par l'Organisation des mamans pionniers, lesquelles prêchent justement avec leur bébé ou leur jeune rejeton.

Ma belle-sœur est un exemple de ses mamans prêcheuses. Elle emmène ma petite nièce avec elle. Avec d'autres, je me suis retrouvée devant une porte, un enfant dans les bras ou accompagnée d'un gamin de cinq ans. J'avais horreur de cette situation. Malheureusement, aux rendez-vous de prédication organisés pour le groupe, on ne choisit pas toujours avec qui on va taper aux portes.

Quand on arrive à la salle, c'est l'ancien ou le serviteur ministériel qui distribue les rôles. On ne sait pas à l'avance dans quel quartier on va prêcher non plus. Ma hantise est de me retrouver avec des frères simplets, mal habillés ou fanatiques, du genre à insister lourdement jusqu'à ce que pleuvent les insultes. Certains Témoins parlent mal le français, d'autres n'ont pas de culture ou sont si timides que les gens claquent leur porte en un tournemain, fatigués d'attendre une phrase claire et intelligible.

Plus le temps passe, plus prêcher s'apparente à un calvaire. Même si, au fil de l'expérience, j'ai progressé, l'énergie que je dépense pour cette activité m'épuise et ne s'approche en rien de ce que je suis censée éprouver : la joie, la paix intérieure et le sentiment d'avoir accompli une œuvre importante. Par chance, ma grossesse va me donner l'occasion de lever le pied. Ensuite, je n'envisage pas de traîner mon bébé de porte en porte, ce qui me laissera quelques longs mois de répit !

32.
L'AVEU

À deux mois de grossesse, je me sens épanouie. Je n'ai pas de nausées et je suis en pleine forme.

Au travail, j'attire de plus en plus les prédateurs. Suite au réaménagement de l'entreprise, je partage désormais mon bureau avec le bel homme qui me tourne autour. Quinze jours après qu'il a emménagé près de moi, je suis complètement sous son charme. La nuit, je rêve de lui. Je rougis dès qu'il me parle. Ça l'amuse beaucoup.

Tout ou presque change le jour où un livreur arrive avec un énorme bouquet de roses rouges. Je m'apprête à le récupérer pour ma patronne, mais c'est à moi qu'il est destiné. Le bouquet est si imposant que je dois chercher un vase à sa dimension, et ce n'est pas évident.

Les fleurs sont accompagnées d'une lettre signée de mon mari. Quel magnifique cadeau de non-anniversaire ! Je ne m'y attendais pas le moins du monde. J'ouvre l'enveloppe. Je découvre avec émotion l'écriture penchée que j'avais si souvent lue et relue lorsque je me morfondais en Angleterre. La carte me crie l'amour de « mon musicien » et sa fierté de devenir papa. Naturellement, je suis très émue, mais je regrette aussi son geste qui accentue ma culpabilité.

J'aime mon mari, je porte son enfant et, pourtant, je regarde un autre homme avec émotion et concupiscence. Je ne comprends pas ce qui m'arrive. En fait, si, je comprends. Je comprends même très bien. Je comprends que je n'aime pas la vie que je mène, ou que je ne mène pas, une vie qui ne me mène nulle part. La situation ne peut plus durer. Il faut que je change quelque chose… ou quelqu'un.

*

Je ne couche pas avec mon collègue. Cependant, nous nous retrouvons en cachette dans sa voiture pour discuter. J'ai envie de lui poser tant de questions ! J'ai d'autres envies, aussi.

Mes contradictions me tiraillent. J'ai besoin de me tester, de *le* tester, de jouer avec le feu. Peut-être mes hormones me jouent-elles des tours. La grossesse aurait dû me rapprocher de mon mari ; or, elle m'en éloigne. Mon corps et mon esprit me laissent perplexe.

*

Dans la voiture, je me laisse embrasser. Pas plus, ou si peu.

J'essaye d'imaginer ce que vit mon collègue. Il doit me trouver bizarre, *a minima*. Je vais être mère, j'accepte de flirter, et, au lieu de conclure l'histoire comme n'importe quelle femme sensée l'aurait conclue, je mets le holà… Néanmoins, il ne met pas fin à notre marivaudage.

J'ai envie, et je ne veux pas.

Mais j'ai envie.

Mais je ne veux pas.

Je ne PEUX pas.

Je crois que j'ai besoin de désacraliser la situation. Je suis bloquée, et je constate que ma position est difficilement tenable. Je souhaite ne pas avoir envie qu'il me touche, et en même temps, j'en meurs de besoin et j'en crève d'envie. Le fait que je sois enceinte me protège un peu. Il me dit qu'il devine la complexité de ce que je vis et qu'il m'attendra. C'est beaucoup.

*

Pendant trois mois, nous nous voyons ainsi, en cachette, brûlants de désir et consumés par l'interdit que j'ai posé. Les vacances arrivent, et la torture de la séparation me lamine. Il me manque. En permanence. J'ai besoin de le voir. De lui parler. Hélas, je suis coincée dans mon nouveau chez-moi.

Mon mari et moi avons déménagé dans un autre appartement, au rez-de-chaussée d'un immeuble banal. Je dois décorer la chambre que nous avons réservée pour le bébé. J'espère que tout sera prêt à temps. Alors, je tapisse pendant que mon mari travaille à l'usine. En effet, ses élèves sont partis en vacances. Or, nous avons besoin d'argent. Il vient d'acheter une voiture de sport grâce à un crédit sur sept ans. L'assurance aussi est hors de prix. Je découvre qu'il a imité ma signature pour diviser le crédit en deux. Ma tentation adultère me culpabilise assez pour que je ne proteste ni devant l'acquisition égoïste d'un véhicule, nous mît-il dans la panade, ni devant le faux qu'il a commis afin de financer son nouveau joujou. Je le comprends, son père n'avait que des voitures pourries. Je ne suis pas fâchée de rouler dans une belle voiture mais lui, ce qui l'intéresse surtout, ce sont les chevaux sous le capot. Et on les paye !

Son contrat à l'usine terminé, « mon musicien » part faire les vendanges. Ma belle-sœur vient me tenir compagnie, histoire que je ne reste pas seule dans mon état. Dans un instant de confiance et d'abandon, je lui avoue mon *flirt*. Aussitôt, mon interlocutrice vrille. Elle m'intime d'avouer mon crime aux anciens. Je ne dois pas me taire. Si l'accouchement se passe mal, si – soyons clairs – je péris sans avoir confessé ma faute, je ne ressusciterai pas. Je m'étonne d'une telle radicalité. Jéhovah n'aurait-il donc aucune reconnaissance pour l'énergie que je lui ai offerte, ni aucune commisération par la créature baptisée dans sa lumière ? Je tente de négocier :

– Tu crois que je serais damnée juste pour un petit *flirt* de rien du tout ?

– Il n'y a pas de « petit *flirt* », il n'y a que des relations hors mariage, c'est-à-dire des mensonges, des trahisons et des coups de canif dans ta relation à Jéhovah, me rétorque-t-elle avec l'assurance et la sévérité du pionnier qu'elle est. Tu as commis l'adultère par la pensée, tu as fauté et Jéhovah le sait. Que crois-tu qu'il en pense ?

Pour me rassurer, elle ajoute que les anciens sauront se montrer compréhensifs et que le pardon de Jéhovah m'apportera la paix. À une condition : avouer.

Tout.

Vite.

33.
LE CHEMIN DE LA RÉDEMPTION

Inquiète et soumise, je préfère prendre les devants. Dès le lendemain, je reconnais ma faute devant un ancien. Il exige que je l'avoue aussi à mon époux. Je suis horrifiée, mais je n'ai pas le choix. Donc je m'exécute. Prévenu par téléphone, « mon musicien » écourte les vendanges.

La nuit suivante, j'entends un bruit bizarre. C'est « mon musicien » qui est entré par la fenêtre. Pourquoi n'a-t-il pas sonné ? Croyait-il me surprendre avec un amant ? Je suis terrifiée, je ne sais pas de quoi il est capable. Il est excessif et terriblement amoureux (ou, *a minima*, dévoré par la jalousie, l'un n'empêchant pas l'autre, hélas). Comment va-t-il accepter, que, enceinte de lui, j'ai pu flirter avec un autre homme ? Je vais le dégoûter, c'est certain. Par chance, cette nuit, pour quelques heures, la présence de ma belle-sœur dans mon lit me protège.

– On parlera demain, me lâche-t-il en allant dormir sur le canapé.

*

Le lendemain, ma belle-sœur s'en va. Nous restons seuls. Mon mari est calme. Pour un peu, ça m'inquiéterait. Puis, d'un geste, il m'intime de le suivre. Nous montons dans sa voiture.

– Alors, ça s'est passé où ? gronde-t-il.

– De... de quoi tu parles ?

– Où t'a-t-il emmené pour te tripoter, l'autre ? J'exige de savoir.

La voix est serrée, quasi grinçante.

– Raconte, m'intime-t-il.

Je refuse. Je reste muette. Aussitôt, la tension monte encore d'un cran. Je ne reconnais plus « mon musicien ». Je suis terrorisée. Il me menace sans crier. Il est calme. Froid. C'est pire que s'il perdait le contrôle. Il réfléchit. Il roule de plus en plus vite. Oppressée, je cède. Je veux recouvrer ma tranquillité. Je veux que cette scène cesse rapidement. Je veux sortir de ce cauchemar.

J'ai l'impression qu'il aspire à violer la partie la plus intime de mon être. Je devrais refuser, tempêter, briser là, mais je lui appartiens bibliquement et je dois obtempérer. Au bord de la crise de nerfs, je lui indique les endroits où « ça » s'est passé. Nous entamons un pèlerinage malsain. Arrivés au bord d'un champ, il me demande des précisions sur les gestes qui m'ont uni à mon collègue. Il exige que nous reproduisions la scène. C'en est trop. Révulsée par ce simulacre de reconstitution, j'essaye de résister :

– Non.

– Pardon ?

– Non.

– Je crois que je n'ai pas bien entendu.

– Tu ne peux pas m'obliger à faire ça… Je t'en prie !

– Il faut que je sache !

– Mais pourquoi ? Pourquoi ? Qu'est-ce que ça t'apportera ? Ça va tout gâcher entre nous !

Il rit et lâche :

– Il fallait réfléchir avant. Je veux être sûr que tu regrettes. Je veux être sûr de ce qui s'est passé. Je veux être sûr de ce qui ne s'est pas passé. J'ai besoin de savoir !

– Tu es malade.

J'ouvre la portière, je sors de l'habitacle et je me mets à marcher sans me retourner. Chemin faisant, je pleure à chaudes larmes. Pas de chagrin : de colère. Je ne joue plus. Finie, la comédie. La rage m'envahit. Je me mets à courir pour laisser derrière moi ce qui me retient. Mon mari. Ma vie de merde. Les punitions des anciens. La fin du monde. Jéhovah.

Mais mon ventre se contracte. La douleur m'envahit. Le bébé me rappelle à la triste raison. Je m'arrête et m'écroule. Mon mari me rejoint. Me demande pardon. M'aide à me relever. Nous tombons dans les bras l'un de l'autre et nous pleurons – lui sa colère jalouse, sans doute ; moi ma faiblesse impuissante. Ensuite, « mon musicien » essuie ses larmes, désigne mon ventre et me demande :

– Ça va aller ?

J'acquiesce. Nous nous sourions. Main dans la main, nous reprenons la direction de la voiture presque comme si de rien n'était ou comme si nous revenions d'une promenade champêtre. J'ai le cœur lourd et, cependant, une once de soulagement perce derrière les nuages de mon inquiétude. Nous avons crevé l'abcès.

Sur le chemin du retour, plus un mot. Je sais que l'affaire ne va pas s'arrêter là, mais je savoure d'autant plus cet éphémère retour au calme.

*

Quelques jours plus tard, le verdict des anciens tombe : j'aurai droit à une réprimande publique. Comme je vais accoucher dans un mois, les dignitaires de notre congrégation viennent nous annoncer la nouvelle à domicile. Mon mari est redevenu très gentil et doux avec moi. Pourtant, quand les anciens annoncent que je mérite une réprimande publique, il l'accepte sans barguigner. Il ne semble pas lui venir à l'esprit de négocier la publicité de la sanction frappant sa femme.

Il aurait pu. Pour preuve, quand je lui apprends la décision, mon frère, lui, s'en émeut. La réprimande publique est réservée aux cas où la faute est connue de plusieurs personnes qui pourraient jaser et souiller la congrégation. Malgré ce qu'il me dit, je renonce à interjeter appel. Je n'ai pas envie de déballer à nouveau mon histoire devant un énième comité. Qu'on en finisse !

Je dois me repentir. L'humilité fait partie intégrante du chemin que je dois accomplir pour obtenir la vie éternelle.

34.
LA PATIENCE DE LA FEMME

Je suis à la maternité.

Seule.

Quinze jours plus tôt, j'ai été réprimandée en public. Depuis, mes chers coreligionnaires m'évitent. Pensez, une pécheresse de mon acabit, ça risquerait de les contaminer ! Seul un ami d'enfance de mon mari vient me rendre visite – jadis, il était amoureux de moi en secret.

Dans mon malheur, j'ai de la chance : quatre autres proclamateurs ont subi une réprimande publique. Les fautes ont été énoncées en même temps, donnant l'impression d'une épidémie. Il y a cinq coupables et cinq péchés dont un adultère. Certains doivent s'amuser à deviner qui a commis quoi. Je n'ai aucun doute sur celui que l'on m'attribuera. Je me sens abandonnée et salie, mais cela n'a presque pas d'importance : je suis la maman du plus beau petit garçon du monde. Il me ressemble tellement que les punaises et les langues de vipère ne manqueront pas de se demander qui est le père...

*

C'est ce que j'observe quand je reviens à la salle, trois semaines après avoir accouché. Heureusement, j'ai retrouvé un zest d'aplomb. Cancans, médisances et commérages m'indiffèrent.

Je suis maman !

*

Je tente de donner le sein, mais il semble que mon lait ne soit pas assez riche. Le bébé a beau téter longtemps, il n'a jamais l'air rassasié.

L'euphorie de l'accouchement se dissipe. À nouveau, le stress me ronge. Je subis le contrecoup des derniers événements. Pour ne rien arranger, mon mari ne supporte pas que j'allaite devant les autres, même discrètement, même en me tournant et même devant ma propre mère.

Sa bêtise machiste me révulse, mais ma culpabilité me pousse à me soumettre à ses lubies que j'imaginais d'un autre âge. Partant, quand nous avons de la visite, je gagne la chambre du bébé pour donner le sein. Docile et humble, je remplis mon devoir, celui que l'on m'a appris à coups de versets sans appel. Je cherche à apaiser les tensions. Je ne déclenche pas de disputes. Je suis patiente. J'essaye de redevenir une femme conforme aux enseignements de Jéhovah et de ses prophètes. La fin du monde est proche, à charge pour moi de profiter des derniers jours pour me repentir et me remettre dans le droit chemin.

*

Une autre épreuve m'attend : l'assemblée de circonscription approche. Pas moyen d'y couper. « Mon musicien » n'imagine seulement pas de me laisser seule aussi loin et aussi longtemps. J'y vais aussi.

Avec mon bébé de trois semaines, nous faisons donc quatre heures de route pour gagner Vienne. Je passe pratiquement la journée à la nurserie entre le sein, le biberon et le change. Mon fils pleure sans arrêt. Il a peut-être mal à la tête. Je regrette d'être venue et d'avoir une fois de plus cédé aux injonctions de mon époux. J'aurais dû refuser, mais personne ne m'a jamais appris à dire non ; et puis, dans les circonstances actuelles, comment ne pas céder pour me racheter ?

Je ne sais pas si je me rachète, là, un bébé patraque dans les bras, loin des enseignements et des partages du jour. Je suis fatiguée. Tout me pousse à pester. Malgré moi, je deviens une mère en colère. Cette colère est sourde et intérieure, mais je la sens franchir mes cellules nerveuses. Ha, si seulement je savais comment on explose !

35.
LE SENS DE MA VIE

Je démissionne pour m'occuper de mon fils pendant un an. Avec l'achat de la voiture, les traites, le loyer, les couches, l'absence d'allocation familiale pour le premier enfant, l'impossibilité de donner des cours de piano étant donné le piètre isolement de notre appartement, les aides de nos proches ne suffisent pas à nous faire vivre décemment. Nous sommes de plus en plus à découvert, et de plus en plus tôt dans le mois. Nous mangeons tous les *week-ends* chez mes beaux-parents, et pas que pour le plaisir de leur montrer notre poupon.

Il paraît qu'il faut ce qu'il faut…

*

Après mon année de césure, je retrouve un travail à mi-temps dans une agence de négoce de machines-outils. Je suis assez bien payée. Mon patron est un sexagénaire sans aucune intention libidineuse. De moi, il exige simplement que le travail soit fait correctement. Mon mari peut dormir sur ses deux oreilles.

Je ne connais rien à mon nouveau métier. J'ai tout à apprendre. Mes débuts sont catastrophiques. Néanmoins, je donne mon maximum. Après quelques coups de sang et des litres de transpiration mentale, je finis par savoir

- taper vite et correctement une facture,
- gérer le stock de marchandises,

- assurer le fonctionnement de l'agence, et
- établir la fiche de paye du commercial qui se déplace dans l'ensemble de l'Hexagone.

Arrive la période des fêtes. Je tremble à l'idée que mon patron me demande de décorer la vitrine pour Noël, ce qui risque de m'attirer des ennuis. Il ne me sollicite pas. Quel soulagement ! En revanche, au retour des vacances, quand il me présente ses vœux pour la nouvelle année, il tique quand j'essaye de détourner la conversation en prétextant une affaire soi-disant urgente.

– Et moi, vous n'avez rien à me souhaiter ? me relance-t-il cependant.

Gênée, je finis par lui avouer que cette superstition païenne est contraire à mes convictions. Selon ma religion et le prophète Isaïe en personne, « ceux qui dressent une table pour le dieu de la Chance sont de ceux qui abandonnent Jéhovah » (65:11)[1]. Je récite ma leçon platement car, au fond de moi, je ne suis pas convaincue. Pis : comme pour les anniversaires, je considère que l'injonction de la Société est inadaptée et ridicule. J'imagine que l'objectif est surtout que, à cette occasion, les Témoins « rendent témoignage » et « prennent position ». Ma gêne est moins forte que ma soumission. J'ai beau être mal à l'aise, j'obéis pour plaire à Jéhovah.

Mon patron prend la nouvelle avec le sourire. Il me lance :

– Ah, vous êtes témoin de Jéhovah ? Mes voisins le sont aussi. Comme vous, ils sont tout à fait charmants... et aussi, je ne dirais pas fanatiques, disons : à cheval sur leurs principes.

Il tapote le dossier que je lui ai présenté en guise de diversion.

– Allons, me dit-il, reprenons ! Nous avons du pain sur la planche, apparemment. Je chercherai quelqu'un d'autre pour me

---

1. https://www.jw.org/fr/temoins-de-jehovah/faq/tj-celebrer-fetes/

souhaiter une bonne année. En cette période, je devrais trouver des volontaires...

Il a vraiment l'air de ne pas en faire une affaire. Moi, je supporte de moins à moins d'avoir à expliquer des choses auxquelles je n'adhère plus à 100 %. En réalité, plus je justifie ces pratiques, plus je me rends compte que mon discours tourne à vide. Depuis quelque temps, passer pour une gourde me laisse comme un goût amer. Je m'en veux d'être assez stupide pour ne pas avoir machinalement répondu aux vœux qui m'étaient adressés :

– Merci, monsieur, bonne année à vous aussi !

Jéhovah aurait-il été à ce point offensé par cette réplique ? M'aurait-il damnée pour l'éternité à cause d'une simple formule de politesse ? C'est peu probable.

Néanmoins, ma conscience me tance d'un : « Qui vole un œuf vole un bœuf ! » Qui n'obéit pas en tout n'héritera pas du Royaume des cieux... J'accepte donc de passer pour une psychorigide gentille en apparence mais structurellement fanatisée.

*

M'accrocher à des injonctions inadaptées me chiffonne d'autant plus que certaines règles intangibles bougent. Par exemple, aujourd'hui, voter pour élire un délégué de classe est permis alors que quand j'étais en cinquième, je remettais un bulletin blanc quand le professeur passait avec la corbeille pour recueillir les votes. La société Watchtower était formelle : participer à de telles élections équivalait à faire de la politique, ce qui est honni... même en France où ce genre de cérémonial scolaire est souvent expédié en deux temps trois mouvements. L'Organisation a une vision mondiale donc américaine de la chose, une vision qui se niche dans les détails secrets et le cœur des enfants soucieux de plaire à leur créateur. Serviteur bon et fidèle, il nous faut être fidèle en peu de choses pour que Jéhovah nous en confie de plus grandes (Mt 25:23)...

Quand on est Témoin, tout est objet de directives bibliques. Parler à un exclu, tutoyer quelqu'un qui étudie la Bible, se tatouer, avoir un *piercing* au nez, arborer plusieurs boucles à la même oreille ou une chaîne à la cheville, porter la barbe... Tout cela risque de conduire le fidèle à suivre « les voies du monde » et donc, de perdre la vie éternelle promise.

Au final, je m'aperçois peu à peu que j'étouffe sous cette chape de plomb qui couvre ma vie depuis que j'existe. Je n'ai que 22 ans, je suis mariée, mère d'un magnifique bébé, mais « j'ai la tête qui éclate ». Les chansons de *Starmania* me collent à la peau. Je me sens *stone*, et j'sais pas si c'est la Terre qui tourne à l'envers ou bien si c'est moi qui m'fais du cinéma, qui m'fais mon cinéma...

*

Un jour, je lis *Hannah*, un roman de Paul-Loup Sulitzer. L'ambition de l'héroïne fait résonner la mienne. Le livre explore la hargne de réussir d'une femme qui gagne. Elle innove, elle invente, elle trouve des idées et parvient à édifier un empire.

Je n'en demande pas tant, mais cet exemple m'inspire. Puisque, moi aussi, « j'aurais voulu être une artiste », chanter et jouer la comédie, je cherche des alternatives pour m'épanouir. Et si, en attendant *la* chanson qui me propulsera dans le gotha, je trouvais un sens à ma vie dans l'écriture ou la peinture ?

36.
LES RÈGLES DE BIENSÉANCE

Hiver 1990. Il est 19 h, l'heure de partir à la salle. Je change mon fils pour éviter d'avoir à le faire pendant la réunion. Notre salle du Royaume a été construite lors de la campagne des constructions massives ordonnée par l'Organisation. Une fois de plus, nous avons été parmi les volontaires qui ont contribué à financer et à édifier le bâtiment.

La salle est située à l'extérieur du centre-ville. Un *parking* pour les visiteurs la jouxte. Deux congrégations se partagent le bâtiment : celle de l'Ouest, à laquelle j'appartiens, et celle du Sud.

En dépit de mes précautions, je dois changer mon bébé car la réunion n'en finit pas. Aux toilettes, il fait froid. Je me demande pourquoi il n'y a pas de chauffage et j'ouvre le robinet. Pas d'eau chaude au programme non plus. Je me débrouille comme je peux avec de l'eau froide, ce qui fait pleurer mon petit. Je m'énerve. Quand la réunion s'achève, mon mari file s'occuper du comptoir des publications. Je vais trouver un ancien avec qui je m'entends bien, et je lui demande pourquoi il n'y a ni chauffage ni eau chaude dans les toilettes en plein hiver. Il s'amuse de mon agacement et me répond que le chauffage, c'est fait exprès. à ses yeux, les sœurs passent beaucoup trop de temps à papoter dans les toilettes entre chaque cantique. J'attaque :

– Et l'eau froide, c'est aussi parce que nous sommes des pipelettes ?

– Qui a dit ça ? Tu devrais t'estimer heureuse qu'il y ait une table à langer à disposition ! Je te rappelle que ce n'est pas le temps de faire des enfants. Tu n'as qu'à changer ton fils avant la réunion.

Je manque de m'étouffer. D'ordinaire, il est plutôt aimable. Quelle mouche l'a piqué ? Le comble est qu'il se plaint à mon mari. C'est à lui que j'aurais dû présenter mes récriminations. La femme doit rester à sa place.

Sur-le-champ, je décide que la mienne n'est plus ici. Pendant une dizaine de jours, je déserte ces maudites réunions. Un chouïa gêné aux entournures, mon mari s'escrime à me circonvenir en me fredonnant la chanson attendue :

– Les anciens sont imparfaits, mais l'Organisation est parfaite... Il ne faut pas se fâcher pour un rien, Jéhovah compte tellement plus... Ce serait vraiment dommage de faire preuve d'orgueil si près du but... Tu le sais, pourtant, nous vivons les temps de la fin, sois bienveillante et pense à notre dieu avant tout...

... et j'avale encore cette énième couleuvre, et je reviens à la salle.

*

Dans les petites annonces, je repère qu'un grand magasin recherche des musiciens pour inaugurer le lancement local d'une succursale d'une chaîne d'habits *low cost*. Je postule pour mon mari. Il obtient la place de pianiste. C'est très bien payé puisque cinq jours de travail nous rapportent l'équivalent d'un mois de salaire. Il sait s'accorder rapidement avec les autres musiciens engagés par l'entreprise. Sa prestation est un succès.

Quelques semaines plus tard, je tombe sur une autre annonce, celle d'un groupe qui propose un contrat à l'année pour une chanteuse et un musicien. Il est possible de gagner quatre fois plus qu'un salaire normal, tout en jouant uniquement du vendredi soir au dimanche après-midi, plus quelques répétitions par semaine. Une opportunité pour moi se profile enfin. Gagner ma vie en chantant, avec mon mari en plus, un rêve aujourd'hui à porter de main !

Las, mon époux me fait rapidement comprendre que, si c'est tentant, c'est aussi IM-POS-SIBLE. On ne doit pas prendre le risque de s'engager durablement avec des gens du monde, ni de jouer les jours de réunion, encore moins le *week-end* car, le dimanche matin, nous manquerions la salle et la prédication. Même si Satan sait nous allécher, ne tombons pas dans son piège !

Tant pis si ce projet serait susceptible de résoudre nos très gros soucis pécuniaires. La Bible ne dit-elle pas que « Dieu pourvoira » ?

En l'espèce, ce sont surtout mes beaux-parents qui pourvoient en nous invitant à leur table à tour de bras. Pas de quoi me satisfaire. Je rêve d'autre chose. De musique. De chanson. De scène.

De danse aussi, par exemple.

*

Trois sœurs vont depuis plusieurs années à des cours de *modern jazz*. Elles ont à peu près mon âge. Pourquoi ne les imiterais-je pas ? Parce que, depuis deux ans, mon mari refuse catégoriquement. Au début, je pensais que c'était une question de prix, mais non. Il ne supporte pas l'idée que d'autres me voient en sous-vêtements.

– Oui, d'autres femmes, dans le vestiaire.

– Qu'est-ce que ça change ?

– Je ne veux pas que l'on te reluque.

– Tu ne crois pas qu'elles ont autre chose en tête, avant ou après un cours de danse ?

– Et il n'y a pas que ça. Après, tu vas te trémousser en tenue moulante. Et puis quoi encore ?

« Me reluquer »... « Me trémousser »... La jalousie de mon mari atteint des niveaux de stupidité blessante qui, selon les jours, me hérissent ou me rendent folle.

Il ne supporte pas non plus que je parle de ma sexualité à mes amies proches, même à ma sœur. Il a surpris une conversation où j'avoue être tombée enceinte six mois après avoir arrêté la pilule. Cette confidence m'a valu une magnifique scène de morale sur la dignité, la probité et la pudeur qui doivent caractériser les femmes en toute circonstance.

*

« Mon musicien » passe son temps à me rêver différente. Moins spontanée. Plus réfléchie. Et, surtout, muette.

Autour de nous, tout le monde ne voit que sa gentillesse, et, comme je dis ce que je pense, on pense que je suis une maîtresse femme. Il est si gentil, si discret, si serviable, alors que je suis sans arrêt en train de râler... Pas de doute : je dois tirer les ficelles dans l'intimité. La réalité est à l'opposé. Dès que la porte se referme sur nous, l'homme qui présente bien en public me reprend avec ce ton doucereux qu'il maîtrise à la perfection. À l'en croire, je souffre parce que je suis une éternelle insatisfaite. Je suis trop franche et trop directe. Je ne sais pas me tenir.

– Si tu savais ce que les gens disent dans ton dos, m'assène-t-il lors d'une de ses tirades. Tu devrais te méfier...

– De quoi ?

– Oh, tu sais, une fois que tu es partie, personne ne te rate...

– Ha ? Et les gens disent quoi ?

– Mais je ne sais pas, je te dis ce que je constate, ça jase...

– Ça jase de quoi ?

– Tu dois avoir ta petite idée...

– Non.

– Tu suis le chemin de ta mère... En plus, tu as le caractère de ton père.

– Et ?

– Tu es une femme. Ça ne colle pas. Tu sais ce qu'on dit du désir d'indépendance. Méfie-toi de ça. C'est le piège qui a fait chuter ève.

Je ne digère pas ce qu'il me dit. Je me réveille peu à peu. Je sens que, un jour, ces humiliations ne m'atteindront plus. Il m'arrive d'avoir envie de le frapper. Je me retiens. Parfois, je sais me comporter conformément aux règles de bienséance. Hélas, à ce moment-là, j'ignore s'il s'agit d'un défaut ou d'une qualité.

37.
LE MIRACLE DE L'INCENDIE

En 1990, mon cher mari cherche à progresser spirituellement. On lui propose de devenir serviteur ministériel. Il est déjà volontaire aux publications, ce qui signifie que nous partons toujours les derniers après chaque réunion. Les frères qui s'occupent de recevoir, ranger, distribuer les publications, relèvent aussi les dons des boîtes à offrandes. Pour éviter toute tentation, ils sont deux et signent ensemble un reçu des sommes comptabilisées. Les comptes sont tenus par les anciens, dont l'un en particulier est responsable de ce poste important, comme dans n'importe quelle association. Chaque mois, la situation des rentrées et des sorties est décrite du pupitre, et les proclamateurs sont remerciés pour leur soutien. Les bénéfices sont envoyés au Béthel pour soutenir l'œuvre d'évangélisation.

Chez les Témoins, chacun doit avoir un rôle. Ainsi, personne ne se sent inutile. Un peu comme les prix, à l'école, autrefois : au besoin, on créait une catégorie pour que même le cancre qui avait désespéré le maître d'école au long des mois ne reparte pas sans, *a minima*, un prix de camaraderie. Chez les Témoins, même principe. La distribution des tâches donne à chacun le sentiment non pas d'être une personne importante mais d'être un élément indispensable à l'Organisation. Cela valorise peut-être certains *ego* mais, à coup sûr, cela oblige à l'assiduité en impliquant l'individu dans le collectif. De sorte que, à la salle, certains tiennent les perches des micros pour permettre aux frères de répondre, d'autres sont chargés de l'accueil, préposés aux territoires ou au ménage.

*

Mon mari, lui, accepte son destin : il sera serviteur ministériel pour la plus grande gloire de Jéhovah. Derrière ce titre, que des tâches banales mais confiées à des « hommes spirituels et de sens pratique » (Actes 6:3) qui, à travers le côté planplan de leur mission, « doivent avoir pour principal souci de travailler au bien-être spirituel des personnes qu'ils servent ». Voici comment ils veillent au bien-être spirituel.

> Un serviteur ministériel peut se voir confier les publications de la congrégation, afin que chacun puisse facilement se procurer ce dont il a besoin personnellement ou pour la prédication. Un autre s'occupera des périodiques. Certains tiendront à jour des fichiers de la congrégation, ceux des comptes ou des territoires, par exemple. Les serviteurs peuvent s'occuper des micros, de la sonorisation et de l'estrade, ou aider les anciens d'autres façons encore. Il y a beaucoup à faire pour entretenir la salle du Royaume et la maintenir propre.[1]

*

Moi, merci bien, je n'ai pas particulièrement envie de me rendre utile. Je ne me suis pas remise des réprimandes que j'ai subies, des conditions dans lesquelles elles se sont passées et de la manière

---

1. https://wol.jw.org/fr/wol/d/r30/lp-f/1985686#h=19

dont elles ont été appliquées. Quoique ma nature m'empêche de tout envoyer valdinguer, j'accepte de moins en moins l'état de soumission. Je me pose beaucoup trop de questions pour me sentir à l'aise dans ma congrégation et dans l'Organisation.

Trop de questions sur le déluge qui se serait abattu d'un seul coup sur l'ensemble de la planète « parce que les hommes méchants avaient rempli la Terre de violence »[1].

Trop de questions sur les datations de l'apparition de l'homme, qui me semblent incompréhensibles[2].

Trop de questions sur... sur tout, en réalité. Le dogme. Les pratiques. L'Organisation. Pour nous aider, elle fournit des éléments de langages pour anticiper les objections. C'est rassurant, mais pas assez convaincant. Je n'ai pas accès à des publications contradictoires. Je n'ai même pas le baccalauréat. Qui suis-je pour savoir mieux que les autres alors que, ce que je sais, c'est que je ne sais rien ? Il est paradoxalement plus rationnel de placer sa confiance dans l'Organisation. Plus rationnel, plus rassurant en un sens, et plus pratique probablement.

*

N'empêche, plus le temps passe, plus ça tourne en boucle dans ma tête. Je me bats contre moi-même et je m'use. Les arguments tirés par les cheveux me tiraillent. La lecture des *Réveillez-vous* m'endort. « Réveille-toi Sophie ! » me crie ma petite voix. Existe-t-il un grain de sable dans cette armada de livres, quelque chose qui m'aide à prendre de la hauteur et voir enfin une supercherie ?

---

1. https://wol.jw.org/fr/wol/d/r30/lp-f/1200001150
2. https://wol.jw.org/fr/wol/d/r30/lp-f/1101967009

Les couplets sur le danger des gens du monde me perturbent. Je rencontre de nombreux gens non croyants qui me paraissent très mesurés dans leurs propos comme dans leurs actes. Ils nourrissent mes doutes. Et si nous avions tort ?

*

Non, non et non. Nous ne pouvons pas avoir tort.

Notre nombre officiel augmente sans cesse. C'est un signe. Selon les chiffres communiqués par l'Organisation, en France, nous sommes 133 100, et près de 270 000 à assister au Mémorial. Je doute de mes doutes. La fin est proche. Il faut que je tienne jusqu'à la grande tribulation et que je donne le bon exemple à mon fils.

D'autant que notre salle d'assemblée a coûté beaucoup plus cher que prévu. Une fois de plus, à défaut de Jéhovah, nous avons pourvu. Pourtant, la municipalité a été très vétilleuse avec nous. Elle a exigé des expertises qu'elle ne demande pas aux autres, nous affirment les anciens. C'est la preuve que l'on s'acharne contre la vérité que nous portons...

Heureusement, Dieu est de notre côté, ainsi que, lors d'un repas de famille, mon père le prouve par le truchement d'une anecdote.

Selon lui, des frères voulaient acheter le terrain sur lequel était construite une station-service. L'offre n'a pas satisfait les exigences du propriétaire. Quelques jours après son refus, la station a pris feu. Comprenez : Dieu l'a puni. Mieux vaut ne pas se mettre en travers de sa route quand le peuple de Jéhovah se lève pour son maître.

38.
LE PRÉSENT DE L'INDICATIF

1992 est là. Nous déménageons une fois de plus. Dans notre maison, comme ma mère l'a fait avec moi, j'apprends à mon enfant les lettres de l'alphabet, et il commence à décoder seul certains mots simples. Il pose beaucoup de questions et s'intéresse à tout.

Malgré cela, je remarque aussi que je n'ai pas la patience de ma mère. Peut-être mes ambitions m'occupent-elles trop l'esprit ? Je n'ai pas renoncé à moi. Ma fonction sociale n'a pas écrasé mon envie d'être également une personne, un individu, une femme, une dissonance, une singularité. Quelqu'un de complet, pas juste une épouse, une maman et une prédicatrice de Jéhovah.

*

Je vais avoir vingt-cinq ans, et je ne fête toujours pas mon anniversaire. J'ai beau avoir fait une croix dessus, depuis que je suis maman, les frustrations s'engorgent dans l'étroit tunnel qui sclérose ma pensée.

Moi, à la rigueur, passons, c'est un regret dont je finis presque par m'accommoder. Fut même un temps où, sans aller jusqu'à apprécier cette particularité, je l'admettais en pensant qu'elle me rendait spéciale. Cependant, j'aimerais tellement fêter l'anniversaire de mon petit garçon que j'accepte la cote mal taillée autorisée par l'Organisation : apporter à l'école un gâteau (en 1992, c'était encore autorisé !) sans bougie et, bien sûr, un autre jour que celui de son anniversaire. Cela correspond à la stratégie de la Société pour respecter l'interdiction de fêter l'anniversaire de naissance tout en montrant aux gens du monde que les Témoins sont normaux, bien intentionnés et conviviaux.

C'est un fiasco. Les bambins se demandent pourquoi il n'y a pas de bougie, et pourquoi la maman apporte un gâteau sans fêter l'anniversaire de leur copain. Ils sont perdus. Personne n'apporte un gâteau pour son enfant en dehors d'un anniversaire. Je repars déconfite et furieuse contre l'idée complètement nulle que nous a glissé la Watchtower. Par chance, mon fils n'a pas eu l'air de se rendre compte de la situation.

*

Je m'inscris au CNED pour apprendre la gestion en général et celle des grandes surfaces en particulier, ainsi que la logique de l'administration. J'emmagasine le plus de connaissances possibles afin d'évoluer et d'obtenir un emploi intéressant.

Néanmoins, je reste sous la pression de la congrégation. Mes amies sont pionniers. Elles pilonnent mes positions et me sollicitent tant et si bien que je finis par accéder à leur demande : je vais aller prêcher avec une amie en présence de mon fils. Intérieurement, je grince des dents ; extérieurement, je sens que ne peux pas me défiler. J'aimerais une autre vie. Sauf que la vie ne se vit pas au conditionnel. Là, dans ma vraie vie, celle que je conjugue au présent de l'indicatif, je suis Témoin et je vais prêcher avec mon enfant.

39.
La gentillesse des méchants

Je retrouve ma copine devant des immeubles en bordure d'un grand boulevard. J'ai prêché ici, il y a quelques années, et je constate que les lieux se sont beaucoup dégradés. Dans les différentes cages, l'ascenseur est en panne ou très sale. L'éclairage est aléatoire. Il faut prendre garde à ne pas marcher dans certaines salissures où, même si l'on n'est pas de la police scientifique, on devine des crachats et des restes d'excréments.

Je serre mon fils dans mes bras. Il a à peine deux ans. Bonjour la sortie en famille !

Au dixième étage une porte s'ouvre. Une odeur suffocante de cuisine épicée – des tripes mijotées, d'après mes narines – me renverse l'estomac. J'ai horreur de cette odeur, et je bénis Dieu que la femme qui entrebâille son battant ne parle pas le français. Elle nous regarde un instant avec méfiance puis referme la porte. J'ai envie de prendre mes jambes à mon cou, mais c'est trop tôt. Il faut que je surpasse mes appréhensions. Surmonter l'acrimonie des gens du monde lors d'une prédication est une façon de prouver mon amour pour Dieu et mon prochain. Plus dure est la tâche, plus grand est notre amour.

C'est pour cela qu'on nous envoie prêcher la bonne nouvelle du Royaume. Il nous faut délivrer ceux qui habitent ici des politiques soumises à la cupidité – bref, du pouvoir de Satan. Notre Organisation accueille tous les humains, riches ou pauvres, noirs ou blancs, afin de les réunir dans la fraternité et la bonté de Jéhovah. Encore une preuve que nous sommes le seul peuple représentant le seul vrai Dieu sur la Terre ! Quelle autre religion oserait s'en vanter ?

Néanmoins, ma décision est prise : je ne retournerai plus prêcher ici avec mon fils. Je lui épargnerai cette épreuve où l'on passe autant de temps à tâcher d'éviter les immondices qu'à subir les rebuffades de toute sorte, allant de l'impolitesse à la menace en passant par la raillerie et l'insulte.

On me rétorque que je ne risque rien, que Jéhovah nous protège, mon fils et moi, que c'est une habitude à prendre, qu'il ne sert à rien de laisser croire à son enfant que le monde est doux comme le parfum d'une rose, que... Je lève la main, suspends le déversement d'arguments que je connais par cœur et laisse résonner ma décision. Cette fois, je suis ferme et définitive : c'est *niet, niet* et re-*niet* derrière. Désormais, je ne prêcherai que quand mes beaux-parents pourront garder mon fils et seulement si mon mari a des visites.

*

Une visite est ce qui advient quand un prêche a bien tourné. C'est un rendez-vous que nous proposons à des gens à qui les prédicateurs ont laissé un périodique ou un livre de la Watchtower. Si une personne a discuté avec nous, montré de l'intérêt, paru sensible à nos arguments, nous lui laissons un écrit et lui offrons de fixer une autre rencontre pour approfondir ce qu'elle aura lu afin de battre le fer tant qu'il est chaud. Pour l'indiquer dans son rapport mensuel, un proclamateur tient à jour son carnet de notes, avec les publications qu'il a placées chez les gens et les heures qu'il a passées dans cette activité.

Il arrive que ces visites soient moins attendues par le visité que par ses visiteurs. Même les gens qui nous supplient de ne plus revenir et d'en prendre bonne note ne nous dissuadent pas. Ce n'est pas malice de notre part ou envie de les torturer : c'est qu'ils pourraient changer d'avis. Tout le monde a le droit d'avoir une deuxième, une troisième voire une quatrième chance.

En mon for intérieur, je me demande comment les gens peuvent encore nous supporter quand nous repassons entre trois et quatre fois par an leur seriner la même parole. Ils sont parfois bien gentils, ces méchants !

40.
LA SOIF DE VÉRITÉ

L'agence où je travaille va subir un remaniement. J'en profite pour m'échapper car j'ai du mal à supporter les côtés tyranniques de mon patron actuel. Il me poursuit de ses remarques désagréables. Il est déstabilisant, autoritaire, instable, et il ne supporte pas que je m'explique. Les mois qui passent n'améliorent pas nos relations. Au contraire.

Quand j'apprends que je peux bénéficier d'une convention de reconversion, je me jette dessus. Dans ce cadre, on me présente des métiers dont je ne connais même pas l'existence. On établit le bilan de mes compétences et mon profil professionnel en fonction de mes goûts et de mes savoir-faire. J'adorerais être décoratrice d'intérieur. Hélas, apprendre ce genre de métier à distance n'est pas franchement conseillé. Les débouchés sont rares. Je me sens aussi attirée par la communication, mais j'ai conscience d'avoir besoin d'être encadrée. J'ai surtout besoin d'être valorisée et en osmose affective avec mon entourage professionnel. Si ces conditions sont remplies, je suis prête à m'investir sans compter.

Mon profil est atypique. Mes velléités artistiques dissonent avec mon parcours professionnel. Faute de révélation, je décide de suivre par correspondance un diplôme d'accès aux études universitaires (DAEU). Cela me permettra de rester à la maison et de m'occuper de mon fils tout en validant enfin un niveau bac.

*

1994 sera donc dédiée au travail, à mon fils, à mon culte, à mes études... et au quatrième déménagement depuis mon mariage. La maison que nous louions a été mise en vente suite au décès de sa propriétaire. Mon mari, obnubilé par Jeanne Calmant, a refusé quelques semaines plus tôt la proposition de viager que lui avait soumise la vieille dame. Mauvaise pioche !

Le prix *post mortem* était imposant à notre aune, mais nous aurions pu obtenir un crédit car il y avait un appartement à louer et une chambre supplémentaire en rez-de-jardin qui auraient rendu les traites acceptables. Malheureusement, s'endetter n'est pas recommandé par l'Organisation. Par conséquent, cette belle opportunité nous file sous le nez, et notre foi nous impose une nouvelle migration.

*

Dans notre nouveau lieu de chute, la congrégation m'a confié une mission de la plus haute importance !

Les anciens sont venus me chercher pour répondre à une demande « d'étude » de la Bible. La femme d'un anesthésiste a fait venir chez elle tour à tour un prêtre catholique et un pasteur, et leurs réponses ne l'ont pas convaincue. Aussi a-t-elle sollicité un entretien avec un témoin de Jéhovah. C'est moi qu'ils envoient ! Je suis stupéfaite...

... mais, malgré mon stress, je réussis mon examen de passage. La dame me demande de revenir régulièrement étudier avec elle. À raison de deux à trois heures par semaine, je vais remonter ma moyenne de prédication avec brio, et en évitant les lieux sordides !

Pour être au niveau, lors de nos entretiens, je multiplie les recherches. Mon interlocutrice a plusieurs Bibles et compare la mienne avec les siennes. Nous examinons les traductions et les annotations. Je sens chez cette femme une soif de vérité profonde, presque viscérale. Grâce à elle, je progresse et je découvre des informations qui m'ont échappé.

Par exemple, je découvre que le Frère Franz, un des présidents de la société Watchtower, a présenté des excuses aux fidèles qui avaient tant espéré vivre la fin du monde en 1975. Certes, la Société n'avait pas formellement annoncé la grande tribulation pour cette année. Néanmoins, les discours qu'elle avait diffusés de manière insistante ne laissaient aucun doute sur le sujet. J'ai été touchée de voir que certains grands Témoins étaient capables d'admettre que, parfois, oui, la Watchtower était faillible.

Moins faillible que moi, je n'allais pas tarder à en avoir la confirmation, mais faillible quand même...

41.

L'ENVIE DE VIVRE

C'est curieux comme, parfois, ce qui vous semble un grand moment de votre vie – un moment « ça, c'est fait », un moment « personne ne pourra me l'enlever », un moment « voilà, je leur ai montré qui je suis » – peut devenir, en un instant ou presque, une anecdote sans importance. Oui, c'est curieux de voir comment certains grands moments de votre existence sont balayés par d'autres événements intimes qui vous précipitent dans la géhenne de ténèbres cauchemardesques...

*

1995 était *a priori* une belle année. C'est celle où j'obtiens mon DAEU avec d'excellentes notes, dont un 16/20 en français. Je me classe quatrième sur soixante candidats. Je suis très fière de moi. De son côté, mon mari valide les deux unités qui lui manquaient pour obtenir son DEUG de musicologie. Je suis très fière de lui.

Je l'incite à passer le concours de l'Éducation Nationale pour devenir maitre auxiliaire. Il ne s'en croit pas capable, mais je le soutiens, le houspille et l'encourage jusqu'à ce qu'il réussisse. En apparence, donc, tout va bien. Mais, en novembre 1995, *La Tour de garde* réitère ses avertissements sur les temps de la fin en rappelant que, comme il est écrit au verset 11 du treizième chapitre de la

Lettre aux Romains, « le danger est tapi dans les ténèbres du monde. Il nous faut nous tenir éveillés. »[1]

Pour une fois, l'avertissement est prémonitoire. Les ténèbres sont sur le point de me happer.

*

Au début, les ténèbres sont merveilleuses de lumière. Elles éclairent de leur noirceur pimpante le film terne de ma vie.

Je suis amoureuse d'un frère.

Pour ne rien arranger, ce frère est un ancien. Bah, tant qu'à se rouler dans la panade, autant y aller franchement...

L'affaire se noue en pleine prédication. Je lui ai demandé de m'accompagner pour visiter avec moi mon étudiante-femme-d'anesthésiste. Elle voudrait se faire baptiser et, à mes yeux, ses progrès lui permettent de l'envisager lors de la prochaine assemblée. Il me faut donc un ancien pour vérifier.

Je n'ai pas choisi n'importe quel ancien. Celui-ci a le bas du visage de Steve Mac Queen, des yeux noirs très expressifs, un sourire moqueur et beaucoup de charme. Pourtant, la première fois que je l'ai vu, à côté de sa femme, je l'ai trouvé moche. Petit à petit, c'est sa personnalité qui m'attire, l'attention particulière qu'il me prête et ses compétences professionnelles... Plus je l'écoute parler, plus il m'attire.

En dehors de cela, il est père de trois beaux garçons. Il parle anglais couramment et me donne l'impression de me deviner sans arrêt. Il commence à me parler de l'un de ses fils. J'en profite pour lui

____

1. https://wol.jw.org/fr/wol/d/r30/lp-f/1995805#h=8

dire que c'est celui qui lui ressemble le plus et que c'est dommage qu'il ne vienne plus à la salle du Royaume.

– Il me ressemble, oui, malheureusement, dit-il.

– Pourquoi « malheureusement » ?

– Parce que je comprends ses problèmes, j'ai eu les mêmes.

Nous parlons des tentations de son fils et nous abordons les questions qui nous travaillent.

– Je suis sûr que tu as les mêmes problèmes que moi, me glisse-t-il.

– Lesquels ?

Ses commissures de lèvres remontent, et il lâche :

– Les problèmes que nous connaissons.

– C'est-à-dire ?

– Le jour où tu as eu droit à ta réprimande publique, j'étais aussi dans le lot des réprimandés. Je sais ce que tu ressens car je le ressens aussi.

Sous le choc, je ne réponds plus. Ne questionne plus. Comprends que l'heure n'est plus aux dissimulations. Le temps est compté. Il s'égrène au fil des kilomètres. Vingt seulement séparent mon domicile de celui de l'aspirante au baptême. Pourquoi n'habite-t-elle pas plus loin ?

*

Nous arrivons. Pendant l'entretien qui suit, je ne suis pas sûre d'avoir le cœur entièrement tourné vers Jéhovah. Lui me regarde une fois. Une seule. Ses yeux me transpercent. Ce n'est pas une égratignure, c'est une plaie béante, une déchirure qui m'ouvre le cœur et saigne en abondance.

Jamais je n'ai éprouvé une telle émotion. Je sais. Il sait. Nous savons. Aussitôt, des nuages lourds de menaces tentent de bâillonner le soleil de l'évidence. Trop tard. La brèche est créée. Toute mon envie de vivre, d'exister, de vibrer, d'être aimée s'y engouffre. Sur le moment, elle se moque comme de colin-tampon de l'orage qui s'annonce.

J'ai passé trop d'années à me sentir emprisonnée, enchaînée, étouffée. Aujourd'hui, je respire…

42.
LE CLAQUEMENT DE LA PORTIÈRE

Sur le chemin du retour, nos mots sont rares et graves, précautionneux et sûrs, décidés et timides. Nous avons absorbé la chaleur, dévoré le jour, pris conscience de la foudre qui s'apprête à s'abattre, et tout se passe comme si nous goûtions au plaisir acidulé d'être à la lisière du grand chamboulement, celle de la phrase qui fera basculer nos vies. Nous ne pouvons plus nier ce qui nous rapproche violemment, nous n'en avons plus la force ou l'intention, mais nous pouvons encore décider de nous priver de ce mélange de bonheur et d'ennuis vers lequel nous fonçons.

À moins que nous ne puissions déjà plus ?

La scène se déroule comme au théâtre. Il y a du texte, du silence, des gestes retenus.

Lui, *à mi-voix, regardant droit devant lui*

Cela fait longtemps que je ne te regarde plus : je t'observe.

Moi

Je l'ai remarqué. Et que te dis-tu, quand tu m'observes ?

Lui

Rien. (*Il me regarde brièvement.*) Je ne parle pas. Je t'écoute. Je me demande ce que tu ressens.

Moi, *me tournant vers lui*

Tu te le demandes ou tu le sais ?

Lui

Je le sais *et* je me le demande quand même.

Moi, *pivotant la tête pour fixer la route*

Aux réunions, quand tu n'es pas là, je me dis que je suis venue pour rien.

Lui

Et quand je suis là ?

Moi, *après un silence*

Quand tu es là, je ressens ta présence plus que n'importe quelle autre. Je ne ressens presque *que* ta présence. Je m'en nourris. J'en profite. Elle me rassérène. Me grandit. Et elle me fait souffrir.

Lui, *étonné*

Elle te fait souffrir ?

Moi

Oui, parce que je pense que, tantôt, je vais rentrer chez moi et que... et que tu ne seras plus là.

*

Nous voilà devant chez moi. J'ignore comment conclure cet épisode. J'enlève ma ceinture, j'hésite.

Lui aussi.

Il y a un flottement, une gêne qui m'est insoutenable. Je souffle un bon coup, j'ouvre la portière, je lui dis au revoir et merci, je claque la portière avant qu'il n'ait pu répondre.

*

Ce soir-là, l'histoire ne va pas plus loin. Mais, le lendemain, quand le téléphone sonne et que j'entends sa voix, je comprends que je me suis engagée dans une voie périlleuse et que mon avenir va en être sens dessus dessous.

43.
L'EAU DE BOUDIN

Je sais.

Je sais que le passé me rattrape.

Que l'histoire se répète.

Que je reproduis le schéma maternel.

Je me sens coupable, mais je suis en mode survie.

Je vis le moment. L'interdit. L'éclatement de ce statut social dont j'ai si souvent éprouvé qu'il me limitait autant qu'il me soutenait. En contant fleurette à un homme marié, notabilité de notre communauté religieuse, je ne suis plus la bonne épouse, la bonne maman, la bonne fidèle de Jéhovah. Je revendique d'exister... même si cela se fait d'abord dans le secret et pas à pas.

Je cède à l'appel de la séduction et à l'insoutenable légèreté de mon être.

*

Au début, nous parlons beaucoup. Discuter au téléphone me rassure. Nous échangeons des confidences. Je lui parle de ma vie. Il me raconte l'histoire de son couple. Il a « connu la vérité » (comprenez : il est devenu Témoin) au moment où il allait demander le divorce, après quelques années de mariage. Pourtant, son constat est clair : il n'a pas épousé sa femme par amour, il s'est contenté de satisfaire sa mère en épousant la première fille qu'il a mise dans son lit. Avec leurs conseils moraux, leurs versets bibliques et leur insistance à toute épreuve, les témoins de Jéhovah ont « sauvé son couple ». Ensuite sont arrivés les enfants, cimentant davantage ce qu'une prise de conscience lucide ou intempestive – à supposer que les deux épithètes désignent deux réalités différentes – avait menacé de détruire.

Au fil des semaines, j'en apprends davantage sur lui. Il m'avoue qu'il a été exclu par le passé et qu'il a profité de cette liberté pour vivre, enfin, un peu à sa guise. Sa franchise et les points communs que je trouve entre nos deux histoires me rassurent. Je lui demande ce qui l'a amené à devenir témoin de Jéhovah. Il me parle

- des prophéties qui se réalisent,
- de la chronologie biblique et
- de la fin du monde imminente.

Aujourd'hui, aux yeux des gens du monde, il a réussi. Il vit dans une immense maison sise au cœur d'un des quartiers les plus cossus de la ville. Aux yeux des Témoins aussi, il est un modèle. Il est un ancien, et sa femme est pionnier permanent. Mais ses enfants sont grands, et il se sent vide.

Il me propose de fuir avec lui aux États-Unis avec mon fils. J'essaye de me projeter tout en freinant des quatre fers. Je me méfie des coups de foudre, donc je lutte autant que je le puis, c'est-à-dire modérément. J'accepte des rendez-vous secrets où nous nous en tenons à des baisers. Je ne sais plus sur quel pied danser. Je me sens déchirée.

À la maison, je joue la comédie. Mon fils est encore si jeune ! Il aime sa mère *et* son père. Comment se construirait-il sans son père ? Comment accueillerait-il, avec son intelligence d'enfant, l'idée que sa mère est partie avec un autre homme, l'a ou abandonné ou arraché à son père ?

Encore une fois, j'ai littéralement envie de mourir. Ce serait plus pratique. Je vis un amour impossible et magnifique. Je suis incapable d'arrêter là. J'ai besoin d'aimer. D'être aimée. Même cette ivresse douloureuse du dilemme que je dois trancher m'est devenue une souffrance indispensable.

En même temps, abandonner ma famille me paraît insurmontable. Mon éducation, ma morale, ma religion s'y opposent catégoriquement.

Mais j'ai tout aussi conscience que j'ai rencontré l'homme que j'aurais voulu épouser si je n'avais pas été Témoin, et cet homme m'aime, et il est prêt à abandonner ce qu'il a de plus cher, sans jeu de mots, pour vivre avec moi.

Et, en même temps, c'est un homme marié, un père de famille, un ancien. Comment vivre avec l'idée que j'ai fracassé ces bonheurs, que j'ai balayé ces acquis, que j'ai obligé une famille entière à recommencer de zéro, voire de plus bas que terre ?

Une fois de plus, les paroles de Luc Plamondon résonnent dans mon malaise, car

> j'ai la tête qui éclate,
> j'voudrais seul'ment dormir,
> m'étendre sur l'asphalte
> et me laisser mourir...

*

Seule, je n'y arrive plus. Je consulte mon médecin. Il me prescrit un anxiolytique. C'est la première fois que je gobe des benzodiazépines. Au bout de quelque temps, les cachets desserrent un brin l'étau qui m'oppresse, sans résoudre mes soucis ni dissiper mes doutes. Ce n'est pas leur travail. Puissent-ils néanmoins m'aider à prendre les bonnes décisions en me redonnant un peu d'air !

Pour cela, il faudrait que la situation s'améliore. Au contraire, mon mari fait tout de travers. Plus Jeanne Mas que Michel Berger, pour le coup, je me mets à voir la vie en rouge et noir. Je ne parviens pas à choisir entre mes peurs. J'ai peur d'un changement radical et peur d'un renoncement auquel je ne m'imagine pas survivre. Comment agir quand, comme chante Francis Cabrel,

> l'amour est partout où tu regardes,
> dans le moindre recoin de l'espace,
> dans le moindre coin où tu t'attardes ?

Comment trancher quand votre pulsion de vie a
- volé votre raison,
- envahi vos rêves et
- éliminé toute autre considération de votre cerveau ?

Et comment prendre son élan vers le grand saut pour une nouvelle vie quand l'expérience montre que le cœur est souvent mauvais conseiller et que le vin du sacré calice de l'amour, selon les mots de Georges Brassens, a vite fait de se changer en en eau de boudin ?

44.
L'enlèvement

Je dois changer d'air. Je profite d'une visite estivale de mon père pour repartir avec lui, à deux cents kilomètres de chez nous. Je l'apprends à mon amoureux. Ni une ni deux, il m'annonce qu'il me rejoint, me donne le numéro de la chambre de son hôtel et me réaffirme qu'il est prêt à tirer un trait sur son passé pour vivre avec moi. C'en est trop. Convaincue que je n'ai plus le choix, je cède.

Dans la foulée, j'annonce à mon père que je vais quitter mon mari et partir avec un frère qui a réservé une chambre dans un hôtel à Roanne. Il me demande de qui il s'agit. Je lui proposer de le lui présenter. Il accepte. Il nous reçoit dans son bureau et comprend. Il sait que nous allons beaucoup souffrir. Il ne nous dit rien d'autre. Je ne risque pas d'avoir sa bénédiction mais, du moins, même s'il aurait mauvaise grâce de le faire, il ne me maudit pas.

Aussitôt, je préviens mon mari que je le quitte. Je ne veux pas le tromper sexuellement avant de l'avoir quitté pour de bon. C'est fait. *Alea jacta est.* Je lui raccroche au nez sans attendre la fin de ses propos où se mêlent stupeur, colère, supplication et menaces. Puis je pars avec l'homme à qui j'ai confié mon cœur et ma vie.

Le début du reste de ma vie vient de commencer.

*

Vers 22h, nous arrivons sur le *parking* d'un petit motel. Nous prenons la chambre réservée, au rez-de-chaussée. Nous allons enfin pouvoir nous donner l'un à l'autre, à une réserve près : je ne suis pas en état pour une nuit de folie. Je suis à bout de nerfs. J'ai tout donné pour me libérer de mes chaînes. Trop de questions se bousculent dans ma tête. La crainte de l'inconnu me poursuit. Je suis incapable de jouir de l'instant.

J'essaye de me laisser aller, un peu pour voir si l'appétit viendra en mangeant, un peu pour ne pas décevoir l'homme qui m'a conquise, mais mon partenaire se rend compte de mon état et, compréhensif, s'arrête dans son élan. Pour lui, m'explique-t-il, une relation se vit à deux. Il n'a pas envie de me forcer. D'autant que, désormais, on a le temps, non ?

Je suis ébahie et émue. Il vient de guérir de vieilles blessures en un seul geste. Il ne se contente pas de s'arrêter, il se comporte exactement comme j'en ai besoin : il me fait un gros câlin. Je m'endors tendrement dans ses bras, avec l'impression que maintenant, plus rien n'a d'importance.

Dans mon demi-sommeil, je pense à mon petit garçon. Il me manque. Je suis convaincue de le récupérer bientôt et de lui offrir une vie nouvelle. J'entends son rire. Je vois sa joie. Je la ressens. Elle me comble. Je m'endors.

*

Mon sommeil est perturbé par des coups. On frappe. On frappe encore, et encore.

Je me réveille dans le brouillard. Il est pile une heure du matin. Je me rends compte que l'on ne cogne pas uniquement à la porte mais aussi à la fenêtre. J'entends du bruit sous le vantail. Je plisse les paupières et, devant le spectacle qui s'offre à moi, n'en crois pas mes yeux : ma belle-sœur est en train de se hisser par l'ouverture des volets pour ouvrir plus grand la fenêtre. Nous l'avions imprudemment entrebâillée afin de profiter de la fraîcheur nocturne qui, le soleil couché, adoucit les températures de juillet. L'homme de ma vie, sonné comme moi, passe un vêtement à la hâte.

Les coups à la porte redoublent d'intensité. À cet instant, ma belle-sœur réussit à se hisser et à se ruer dans la chambre par l'interstice. Elle me percute au passage et file ouvrir la porte en me conseillant de m'habiller.

L'homme de ma vie est assis par terre. Il a la tête dans les mains. Il a compris ce qui se trame et qui m'échappe totalement. Ma belle-sœur fourre en vrac mes affaires dans mon sac et pose sur moi mon peignoir en coton blanc et bleu. Ses gestes sont redoutables d'efficacité. Je fais une chute de tension. Mes oreilles se mettent à siffler. Je n'arrive plus à respirer. On me redresse *manu militari*. Je ne tiens pas sur mes jambes.

Quelqu'un me soulève et m'emporte. À moitié dans les vapes, j'entrouvre les yeux. Je reconnais mon mari qui me porte sans ménagement jusqu'à sa voiture. Il me projette sur le siège arrière. Ma belle-sœur s'engouffre à mes côtés et m'entoure de ses bras. Pour me consoler ? Pour m'empêcher d'ouvrir la portière en cours de route ? Mystère. J'aperçois mon frère sur le siège du passager. La voiture démarre en trombe.

Je ne pleure pas. Je suis perdue, incapable de décrypter ce qui se passe. Avant que je ne m'évanouisse à nouveau, je n'entends qu'une phrase :

– Vu ce qui t'attend, j'espère que ça en valait la peine !

*

Je ne suis pas en mesure de réfléchir. Je suis assommée par ce que je vis.

Les coups dans mon sommeil.

La fenêtre.

Ma belle-sœur.

La porte.

Mon mari.

Je m'évanouis

On me précipite dans une voiture.

Je me retrouve devant l'immeuble où vit mon frère.

Je suis en peignoir et pieds nus. On me pousse dans l'ascenseur. Nous sommes quatre dans la cabine. Direction le douzième étage. Je regarde par terre. Je ne sais plus où me mettre. Quand je pense que, plus tard, un Calogero amoureux rêvera d'un voyage en ascenseur « où les secondes seraient des heures »... Non merci ! Chaque seconde dure déjà des heures, et je les souhaite peut-être à mon pire ennemi, mais ni à tous ceux qui m'apprécient, ni à moi au premier chef.

45.
LE TEMPS DES PROMESSES

On entre dans l'appartement. Mon cher frère et sa femme vont se coucher. Ils nous laissent leur chambre.

Je suis sur le lit. Mon ravisseur et mari est en face de moi. Il veut que je parle. Je reste silencieuse. Il me met une gifle monumentale. Il m'envoie à la salle de bains pour me laver, car je suis forcément sale. Il met ma petite culotte à la poubelle, mon peignoir et toutes les affaires que « l'Autre », comme il l'appelle, aurait pu toucher ou m'offrir. Il me répète que ce que je ressens pour l'Autre n'est pas de l'amour. Il me serine que je me trompe. Que l'Autre n'est rien. Il m'en tire un portrait lamentable, celui d'un homme faible, capable de tromper sa femme pour la énième fois... Comment puis-je croire que je serai la dernière ? Je suis naïve. Il ne cesse d'utiliser l'expression « tu t'es bien fait avoir ». Et moi, lâche, je me dis que si je soutiens ce discours, je vais presque devenir une victime plutôt que l'affreuse mère qu'il dépeint ensuite.

Je ne supporte pas mon manque de réaction, mais je suis en état de choc. Épuisée par la fatigue de ces semaines passées à me triturer les méninges et à me torturer la conscience. Désorientée, aussi, et abattue quand je résume cette aventure : j'ai tant lutté, j'ai tant cru, j'ai tant imaginé, et voilà.

*

A posteriori, je me rends compte de ce que j'aurais pu, voire dû faire.

Crier.

Rendre les coups.

Griffer.

Cogner.

Me débattre.

Appeler au secours.

Leur HURLER

que je ne veux plus les voir

que je suis libre

qu'ils n'auront pas ma liberté de penser, d'agir, de vivre et d'aimer.

*

Je ne l'ai pas fait.

Je n'ai rien HURLÉ.

Je n'ai même rien dit.

*

Je n'ai à m'en prendre qu'à moi.

Ou au fait que je n'étais plus en état de poursuivre ma révolte. Je croyais que, en partant de chez mon père, en ayant averti mon mari, j'étais arrivée au bout de mon *aggiornamento*. J'avais dit ce que j'avais à dire à celui que je considérais dorénavant comme mon ex-mari. J'étais au clair avec ce que je désirais et rejetais. Dans un dernier sursaut, j'avais fermé le battant sur mon passé.

à cause de ma naïveté structurelle, je n'avais pas prévu qu'il allait presque aussitôt se rouvrir et me renverser. Je n'avais pas gardé de réserve pour lutter encore. Alors, au fil des reproches, je me suis laissée emporter dans un flot de promesses.

J'ai promis à mon mari que je mesurais l'étendue de ma faute et que j'étais certaine que nous pouvions de nouveau former un couple uni.

J'ai promis aux anciens... je ne sais même plus ce que je leur ai promis. Tout. Plus encore. Que j'avais été faible mais que j'étais persuadée de pouvoir m'amender. En quelques heures, j'étais redevenue une petite épouse docile.

46.
LE SOIR DE PLUIE

Été 1996.

Nous avons déménagé dans la Nièvre, où mon mari prendra son poste d'enseignant à la rentrée. Ce département sonne comme un *mix'n'match* des maux qui ont souillé ma vie :

- niaiserie,
- fièvre et
- mièvrerie.

Nous sommes loin du monde, perdus à la campagne, dans un village de deux cent cinquante habitants, mais l'école primaire est à deux pas. Dijon, la vraie ville la plus proche, est à plusieurs dizaines de kilomètres, l'équivalent de quelques années lumière.

*

Nous investissons une maison en pierre de taille dont les murs épais préservent une fraîcheur bienvenue. Nous n'avons encore rien déballé, mais je m'assieds par terre pour prendre conscience de ce qui m'attend. Mon fils de huit ans court partout et se précipite pour voir sa chambre. Elle est vaste. Il a l'air heureux, à en juger par ses exclamations et ses rires. Il revient cependant me faire un câlin.

– Tu as l'air bizarre…, me glisse-t-il en fronçant le nez.

Je le bisouille, je me relève, et j'essaye de rire en le rassurant :

– Mais non, ne t'inquiète pas, tout va bien. Tu as vu comme la maison est grande ? Le piano, on va le mettre ici. Et la cuisine, tu as vu la cuisine ? Elle est immense ! Oh, et viens voir la salle de bains ! Elle est gigantesque ! Tu en avais vu une aussi grande ?

– Ha, non, jamais !

– On va être aux petits oignons ! Allez, file dans le jardin pendant que je nettoie et range un peu…

Sur le pas de la porte, je lève la tête et scrute le ciel. Un avion passe dans l'azur, indolent et mystérieux. Mon cœur se serre. Pour la énième fois, je pense qu'*il* est peut-être là. Qu'il s'en va. Qu'il m'abandonne. Et j'essaye de me convaincre que c'est mieux ainsi.

*

Je me ressouviens ce que je viens de traverser. Je reviens de loin mais je suis sur le chemin de la guérison. Ma cure de désintoxication adultérine produit ses effets. Bientôt, je ne souffrirai plus de la déchirure. Je n'y songerai plus. Ou, si elle me revient en mémoire, j'y songerai comme on chérit une chance, peut-être même comme on se réjouit d'un miracle voire d'un don de Jéhovah qui m'a sauvée et remise sur le droit chemin.

Pour le moment, une larme, discrète et presque inexpliquée, coule sur mon visage. En plein jour, je vis ce que Clémence Lhomme a définitivement défini comme un soir de pluie et de brouillard. À l'évidence, je ne suis pas encore tout à fait guérie.

47.
LE HASARD DU *PARKING*

En écrivant ces lignes, je suis ramenée dans le passé, comme souvent, par des *flash-back* traumatisants. Je me revois, enfermée et surveillée de très près, soumises à la pression de mes promesses, à ma conscience torturée...

*

Malgré l'interdiction formelle que m'ont formulée les anciens, un jour, je rappelle le numéro interdit que je connais par cœur – et l'expression prend ici son sens.

Avant de m'y résoudre, j'ai lutté contre la tentation. J'ai prié Dieu. Je l'ai harcelé de suppliques pour qu'il me rende forte. Mais, à ma connaissance, Jéhovah ne m'a pas entendue. Quant à moi, j'avais ce numéro que je ne parvenais pas à oublier, et j'avais un petit espace de liberté puisque, maître auxiliaire, mon mari était forcé de me laisser des moments de répit.

Des âmes charitables m'ont expliqué que mon mari n'était pas fou, sinon d'amour.

- Son dépit,
- ses emportements,
- sa rage

sont les plus belles preuves de tendresse qu'il puisse me donner en pareilles circonstances. Il m'aime. Il veut me rendre heureuse. Et puis il y a mon fils…

La pression est gigantesque. La culpabilisation est maximale. Je ne suis plus capable de penser par moi-même. Je me laisse convaincre qu'il faut réessayer. J'ignore si j'y crois vraiment ou si je feins. Est-ce que j'accepte parce que je suis convaincue qu'une vie heureuse, épanouie et exclusive avec mon mari est encore possible, ou est-ce que je reviens

- parce que c'est plus simple,
- parce que j'aime mon fils et
- parce que, sans les Témoins et coupée de Jéhovah, je ne serais personne ou plus rien ?

Mystère.

Ma seule certitude est que à ce stade, dans mon for intérieur, la page n'est pas tournée. J'ai besoin de lui. Bien que j'en aie, couper le lien est au-dessus de mes forces. Donc, un jour, je cède et je téléphone.

*

Les premières fois, je ne parle pas. J'écoute ses « Allô ? ». Sa respiration. Son souffle dans le combiné.

Rester muette me permet d'apprivoiser ma désobéissance. Je franchis l'interdit sans trahir complètement ma promesse.

Puis, quand je me suis accoutumée à ce palier, je suis prête à enfoncer le clou. Je prononce quelques mots. Il me répond. Nous sommes émus. Notre attirance mutuelle est intacte. C'est reparti.

Le son de sa voix me ravive. Il me raconte qu'il est rentré chez lui le lendemain de mon enlèvement. Les anciens lui ont dit que j'étais consciente de ma faute, que je la regrettais, que j'étais très heureuse de retrouver un mari compréhensif avec qui j'avais juré devant Jéhovah de vivre fidèlement l'ensemble de mes jours. Ils lui ont dit que c'est ce que j'avais déclaré. Ils n'ont pas menti : c'est ce que j'ai proféré. En revanche, moi, j'ai menti. J'ai menti parce que je ne voulais pas être exclue. J'ai menti parce que je voulais sauver ma peau. Parce que mon mari me terrifiait. Parce qu'il m'a juré qu'il ne me laisserait jamais partir, encore moins avec mon fils.

*

Jour après jour, nous prenons de nos nouvelles. Nous ne savons plus quoi faire. Nous avons besoin de nous parler.

Parfois, nous essayons de nous fixer un rendez-vous, mais mon mari débarque toujours à ce moment-là. Je trouve cela étrange. Régulièrement, « mon musicien » me gratifie aussi de remarques qui me donnent l'impression qu'il connaît la moindre de mes manigances. J'ai l'impression qu'il lit dans mes pensées. Cela va plus loin que sa technique habituelle de jaloux, qui consiste à prêcher le faux pour savoir le vrai – celle-là, j'ai appris à la déjouer. J'ai l'impression qu'il n'est pas devenu psychologue ou perspicaces : depuis quelque temps, il est carrément voyant ! C'est désagréable et inquiétant.

Par ailleurs il se met à boire. Quand je lui ai mis devant les yeux les bouteilles – vides, entamées ou neuves – sur lesquelles j'étais tombée par le plus complet des hasards, il a ricané et m'a lâché :

– Je ne suis pas un ivrogne au sens où l'apôtre Paul l'entend, hein ! Je bois parce que tu m'as fait mal. Tu me fais encore mal. Boire m'aide à tenir le coup.

Il regarde les bouteilles : chacune de ces bouteilles raconte un peu de mes turpitudes et de nos souffrances. C'est le message qu'il veut me communiquer. Soudain, il s'écroule, s'agenouille et entoure mes hanches de ses bras. Il éclate en sanglots.

– Tout ça, c'est parce que je t'aime ! Aide-moi !

L'homme se transforme en petit garçon qui appelle au secours. Je perds mes moyens. Comme à chaque fois, je le console et le rassure. Je sais qu'il m'aime. Il me le dit chaque jour. Quant à la boisson… D'après ce que j'ai compris, son père avait tendance à boire, les parents de sa mère aussi. J'essaye de me défendre sur un ton compréhensif :

– Je ne suis pas la seule responsable. Tu as toujours aimé boire. C'est ta faiblesse. Souviens-toi : avant que ça déraille entre nous, je t'ai aidé à te relever tellement tu avais bu !

– Aide-moi, répète-t-il en me serrant plus fort.

J'ai le cœur qui explose. Ni mes raisonnements, ni mes arguments ne pèsent assez lourd. Ce genre de discussion me vide de mon énergie et me pousse à admettre qu'il a raison. C'est moi la plus forte, donc c'est moi qui dois l'aider.

Par conséquent, régulièrement, je fouille la maison pour jeter ses bouteilles ; et, à l'occasion d'une de ces inspections, je découvre un dictaphone en fonctionnement, caché entre le mur du salon et un radiateur. « Mon musicien » n'est pas médium. Il m'espionne, nuance. Je coupe l'enregistrement et j'écoute la cassette. Je m'entends passer l'aspirateur. Je suis ébahie. Encore heureux que les cassettes aient un temps d'enregistrement limité ; mais depuis combien de temps suis-je placée sur écoute ?

*

Je préviens aussitôt de ma découverte l'homme de ma vie. Il est d'accord avec mon intuition, il existe forcément d'autres cassettes.

Mon instinct me pousse à aller perquisitionner le garage. Il ne me faut pas un quart d'heure pour dénicher un sac entier du fruit de son espionnage.

Un papier accompagne ce trésor. D'habitude, mon mari écrit en code mais, dans l'urgence, il n'a pas tout transcrit. J'apprends qu'il note des heures d'arrivée où il parle de « moteur encore chaud ». Il surveille les allées et venues de son ennemi, même si celui-ci porte encore le nom de « frère ». Nous sommes donc espionnés tous les deux.

« Mon musicien » travaille à une heure d'ici. Il ne peut être partout en même temps. Je soupçonne mon frère d'être dans le coup. Il m'a semblé apercevoir un homme qui lui ressemblait, à côté d'une moto, sur le *parking* le plus proche de notre immeuble. J'ai vu la silhouette tourner la tête et enfiler son casque au moment où je venais de l'apercevoir, mais je reconnaîtrais mon frère entre mille. Malgré mon intuition, j'ai un doute. Certes, mon frère est motard mais il habite à six cents kilomètres. De plus, il tient une auto-école, il a d'autres chats à fouetter ! Si c'était lui et qu'il était de passage par hasard, il serait au moins passé dire bonjour, non ?

Je suis tourneboulée. Je crains que ces pratiques ne me poussent gentiment vers la folie. Par chance, pour l'instant, elles me poussent à me rebeller.

48.
La tête contre les murs

Je persiste à appeler dès que je le peux. Je voudrais tant que l'on trouve une solution à notre histoire ! Survivrons-nous à cette tribulation en attendant l'autre, la « grande », à supposer que celle-ci finisse vraiment par exister ? Parfois, je lui chante au téléphone « L'encre de tes yeux », de Francis Cabrel :

> Je n'avais pas vu que tu portais des chaînes,
> A trop vouloir te regarder, j'en oubliais les miennes,
> On rêvait de Venise et de liberté (...)...
> Puisqu'on est fous, puisqu'on est seuls, puisqu'ils sont si nombreux,
> Même la morale, parle pour eux,
> J'aimerais quand même te dire :
> Tout ce que j'ai pu écrire, c'est ton sourire, qui me l'a dicté.

Quand je me retrouve face au miroir de la salle de bain au carrelage bleu, j'ai le *blues*, mais je vais arriver à oublier. On me l'a promis, tout n'est qu'une question de temps...

*

Malgré mes doutes et mes fautes, je continue d'aller faire l'étude à celle qui va prochainement se faire baptiser. Les anciens pensent que cette assistance est bonne pour moi. Ça l'est, en effet : j'en profite pour garer ma Fiat Chroma sur le bord de la route et m'arrêter téléphoner dans une cabine pour entretenir quelques moments de légèreté.

Un jour, alors que je compose le numéro interdit, on toque à la vitre. Comme dans un film d'horreur, j'aperçois mon mari qui me sourit de l'autre côté de la paroi. Il s'était caché dans le coffre de la voiture et, muni d'un tournevis, avait ouvert sa cachette. Je découvrirai plus tard qu'il avait même emporté une bouteille pour, si nécessaire, y faire ses besoins...

D'un geste, il m'ordonne de sortir de mon habitacle. Un instant pétrifiée, je finis par obtempérer. Dans la rue, je cherche du secours. Autour de moi, personne.

– Alors ? Tu t'amuses bien ?

– Qu'est-ce que tu fais là ?

– La comédie est finie, me glisse-t-il d'une voix blanche. Tu me ramènes ?

– Mais je...

Il place un index devant sa bouche et murmure :

– Tout à l'heure, on va parler. Je pense que tu as des choses à me dire...

*

La porte d'entrée de notre maison claque derrière moi. Un froid m'envahit. Je redoute le pire sans savoir ce que désigne ce « pire ». Ce mystère renforce mon effroi.

Mon mari m'entraîne dans la cuisine et désigne une chaise :

– Assieds-toi.

J'obéis.

– Alors ? lâche-t-il en restant debout, les bras croisés, très près de moi pour m'obliger à lever la tête si je veux le regarder.

S'ensuit un feu roulant de questions.

Est-ce que je *l*'ai revu ?

Est-ce que je *l*'appelle à chaque fois que je sors de la maison ?

Combien de fois par jour ?

Pour lui dire quoi ?

Qu'est-ce qu'il me répond ?

Avons-nous convenu d'un rendez-vous prochainement ?

Nous sommes-nous revus ?

Qu'avons-nous fait quand nous nous sommes revus ?

Est-ce que je pense à lui la nuit ?

Est-ce que nous parlons de mon légitime ?

Que disons-nous de lui ?

Est-ce que nous nous moquons de lui ?

Et *lui*, qu'est-ce qu'il a de plus ?

Pourquoi est-ce que je m'acharne avec ce raté, un frère qui trompe sa femme ?

Est-ce que je me rends compte que je romps mes promesses ? Celles faites aux anciens – et accessoirement, à mon époux ?

Est-ce que je m'imagine que, prise la main dans le pot de confiture, je vais m'en sortir comme une fleur ?

Qu'ai-je à avancer pour ma défense ?

Est-ce que je prends mon mari pour ce genre d'imbécile qui ne sait pas ce qui se passe sous son toit ?

– Non, dis-je pour arrêter le tir. Au contraire.

– Comment ça, « au contraire » ? s'enquiert-il, étonné.

– Je sais que tu m'espionnes. Je sais pour les cassettes.

– Les ?

– Le dictaphone que tu laisses tourner quand tu t'en vas. Le sac poubelle plein que tu as caché dans le garage. Raconte-moi, ça donne quel genre de sensations, de m'écouter passer l'aspirateur ?

– C'est bizarre, je n'ai pas entendu que l'aspirateur. J'ai aussi profité de certaines conversations téléphoniques avec un certain chéri qui n'était pas moi et que tu appelais dès que j'étais parti…

– Ce que tu mets en place ne sert à rien. Si tu m'y obliges, je recommencerai, encore et encore !

– Je ne te reconnais plus, mais peu importe. Désormais, tu ne bouges plus d'ici, sauf pour aller à la salle.

– Tu n'es pas près de m'y revoir, à la salle.

Sur ce, il prend mon sac, fouille, s'empare de mon trousseau de clefs, part et ferme la porte sur moi, emmenant le téléphone fixe avec lui. Il m'a enfermée ! Nous habitons au premier étage. Je pourrais HURLER pour alerter les voisins. J'en ai conscience. Mais j'ai intégré l'idée qu'il ne faut pas provoquer de scandale. Je pleure, je prie, je me tape la tête contre les murs, je supplie Dieu de m'aider, de m'envoyer un signe.

Rien.

Comme je compte sur la présence de mon petit garçon pour réussir à lui échapper, il n'hésite pas à être dur avec moi, même devant lui. Je sens que la situation s'aggrave. Je n'ai aucun moment de répit. Lui qui vantait l'harmonie à la maison, qui attend de moi que je sois parfaite devant mon fils, commence à dérailler et à reproduire le schéma de son enfance.

De sorte qu'une idée nette finit par se distinguer dans le brouillard de mon esprit ; et cette idée me dit :

– Pars chercher du secours !

49.
LES ÉPREUVES ÉCRASANTES

Ma seule porte de sortie est l'Angleterre.

Je dois convaincre mon mari et les anciens que ce sera une bonne chose pour moi. Je quitterai cette ville maudite et j'irai chez Irene, la sœur chez qui j'étais au mieux de ma forme spirituelle. Me confier à une membre ointe et pionnier est un projet qui convainc les anciens. Mon mari me laisse donc partir.

Là-bas, je serai moins surveillée et je pourrai mieux réfléchir. Je demanderai à celui que j'ai laissé derrière moi de me rejoindre et nous recommencerons, mieux préparés et sans personne à nos trousses ! Mes intestins se contractent. J'ai des crampes. Je me précipite aux toilettes.

Je n'ai pas perdu la peur, mais ma foi est en lambeaux. Jéhovah sait ce que je mijote... Vais-je encore le trahir ?

*

Au long de la première semaine de mon séjour, je cherche les mots justes pour expliquer mon histoire à Irene. Par pudeur, par honte peut-être aussi, par impossibilité de tout dire, je passe les détails les plus sordides de l'histoire. De la sorte, je banalise les faits. Je réduis mes tourments à un phénomène connu : l'envie d'aller voir ailleurs si l'herbe n'est pas plus verte. À force d'essayer de rendre les derniers événements acceptables par une élue, je ne les reconnais presque plus. La trame est exacte, les personnages sont réels, mais le contenu de mon récit est tellement aseptisé qu'il ne correspond en rien à ce que j'ai l'impression d'avoir vécu.

Il convainc néanmoins Irene qu'il n'y a pas péril en la demeure à condition que j'aie l'humilité d'avoir l'esprit de sacrifice. Ah, l'esprit de sacrifice ! C'est ce que Jéhovah veut de moi et pour moi. Je suis invitée encore une fois à me renier.

Le sacrifice ne consiste pas à oublier l'homme dont je suis éprise. Il consiste à admettre que j'ai failli commettre une erreur classique et pathétique. Erreur pour mon mari, bien sûr ; pour ma famille personnelle et religieuse, évidemment ; aussi pour moi, éventuellement. Irene m'assure que tous les zozos qui n'ont pas été arrêtés à temps, ainsi que j'ai eu la chance de l'être, l'ont amèrement regretté. Après un silence, je rétorque :

– Pour être honnête, moi, ce que je regrette amèrement, c'est de ne pas être partie.

– Tu le crois aujourd'hui. Tu t'apercevras du contraire bientôt. Ou, sinon bientôt, dans quelque temps. Crois-moi.

Je grimace. Bien que je respecte la parole de mon interlocutrice, sa prophétie me laisse sceptique.

– Tu as deux alliés pour toi, poursuit-elle alors. Le temps, d'abord. Il va t'apporter sinon la sagesse, du moins la lucidité. Et Jéhovah, ensuite. Crois-tu en lui ?

J'opine du chef, mal à l'aise. Elle m'encourage :

– Aie confiance en lui. Jéhovah bénit tes efforts. Il sait ce que tu vis, et il voit que tu as pris la bonne décision.

Je ne réponds pas. Je ne réponds plus. Je feins de méditer, quoique je me contente de serrer les dents en pensant en boucle : peut-être n'aurais-je pas dû venir voir Irene. Elle ne peut pas comprendre ce que je vis. Pas seulement parce que j'ai allégé la barque et de mes

49. Les épreuves écrasantes

fredaines, et de ce que j'ai subi. Elle a vécu une quarantaine d'années hors des Témoins. Elle a vécu ce qu'elle avait à vivre. Elle a connu des difficultés, probablement, mais avec une liberté que je n'ai jamais connue et que je crains de ne jamais connaître.

*

Pour moi, vivre, c'est être témoin de Jéhovah. Il n'y a pas d'espace annexe, pas de moment différent, aucun pas de côté. Il n'y en a jamais eu. Irene n'a pas conscience de ce poids. Comment lui faire comprendre dans la mesure où, pour elle, la foi en Jéhovah arrive en seconde partie de sa vie, comme une rédemption de ce qu'elle a vécu avant ?

*

Je me retrouve enfin seule quand Irene sort sans insister pour que je l'accompagne. J'ai l'impression de l'avoir rassurée. Pourtant, dès qu'elle est vraiment partie, j'attrape le combiné et je compose le numéro international prépayé pour les États-Unis.

L'homme de mes rêves ne répond pas. Après plusieurs tentatives, j'entends sa voix. Je chuchote :

– C'est moi...

– Je sais, me répond-il avec un sourire dans sa voix. Tu es la seule à composer ce numéro... Comment tu vas ?

– Tu me manques.

– Toi aussi.

Quand je lui parle de mon projet de repartir sur de nouvelles bases avec lui en Angleterre, il est réservé. Désormais, il réside aux États-Unis. Après ce que nous avons subi, il devine combien nous souffririons avec la pression qui s'exercerait encore contre nous, ne serait-ce qu'à travers la garde des enfants. Nous sommes toujours sur la même longueur d'onde, mais une ombre se dessine, je le sens.

– J'ai eu le temps de t'observer. Sophie, ma chérie, certains (comme moi, par exemple) ont le don de construire leur bonheur sur le malheur des autres, toi, tu as l'âme d'une infirmière. Et ton mari le sait.

– Je m'en doute.

– Il est venu me parler.

– Où ?

– À mon travail.

– Que t'a-t-il dit ?

– Il m'a menacé de nous faire la guerre, et il m'a dit des choses sur toi pour te salir.

– Rassure-toi, j'en ai eu autant sur toi.

– Je t'aime et je ne veux plus que tu souffres. On se reverra, un jour où l'autre, dans une autre vie peut-être...

– Comment ça « une autre vie » ?

– Il faut que tu tiennes Sophie.

– Que veux-tu dire ?

– Tu sais que c'était de la folie... Je suis désolé pour le mal que je t'ai infligé en espérant pouvoir changer ta vie. Avant que tu partes, j'ai compris que je devais réparer mon erreur. J'ai commencé, je dois réparer...

– Réparer quoi ?

– Prie Jéhovah. Je ne t'oublierai jamais. Je t'aimerai toujours. *Forget me not*, mon petit myosotis.

Le bip bip bip du téléphone sonne le glas de mes espoirs.

Jéhovah a encore gagné.

*

Incapable de percevoir mon désarroi secret, mon hôtesse continue de me raisonner. Au cours d'une nouvelle conversation, elle me cite maints exemples de chrétiens qui ont enduré des épreuves écrasantes afin d'être sauvés. L'âme en charpie, le poing serré, je me retiens de pleurer.

Dans mon for intérieur, je ricane. Sauvés de quoi ? Quelles preuves avons-nous ? Petit à petit, une idée fracassante monte en moi. Je tâche de la repousser ; indifférente à mes efforts, elle revient, têtue et rebelle : et si les gens du monde n'avaient pas tort, à propos des Témoins ? et si j'étais vraiment embringuée dans une secte ?

50.
LE LIT DE LA RIVIÈRE

En dépit de ma déception, j'ai conscience qu'Irene est gentille et fait son travail de membre oint et, donc, de guide spirituel. Tant pis si son appréhension de ma petite personne me paraît complètement à côté de la plaque !

Pour ne pas envenimer notre relation, ce que je ne souhaite pour rien au monde, je l'aide dans son travail. Nous cousons ensemble. J'accepte d'assister aux réunions. L'un dans l'autre, après ma dernière conversation avec l'homme pour qui j'avais pris tant de risques, et loin de « mon musicien », je me remets de mes terribles émotions.

Au bout de quinze jours, mon fils me manque, c'est rien de le dire. Chaque petit garçon que je croise m'émerveille et renforce mon manque. J'achète une parure pour mon enfant. Je pense à mon retour. J'imagine nos retrouvailles. Je le couvrirai de baisers et de cadeaux.

Je veux sentir sa joue tendre et rebondie.

Je veux respirer son odeur.

Je veux caresser ses cheveux lisses, l'entendre rire, le voir jouer.

Je veux lui dire que je l'aime. On ne le répète jamais assez à ceux que l'on aime.

Son absence me saigne à blanc. Je suis une mère malheureuse. Dans quelque temps, je vais revenir en France et repartir de moins que zéro, car j'aurai toujours un passif aux yeux de Jéhovah et de mes frères.

*

Mon mari promet de venir me chercher à l'aéroport.

Petit détail : je devrai poireauter cinq heures, car il ne peut se libérer avant de finir les cours, et nous n'habitons pas à côté de Paris. Cela me laisse plus que le temps d'observer les gens autour de moi. Quelle diversité ! Quels contrastes ! Je croise des riches, des pauvres, des gens de toutes origines, des originaux, des *baba cool*, des m'as-tu-vu, des dépressifs, des anxieux, des inquiets, des stressés, des pressés, des maladroits, des amoureux, des touristes, des hommes d'affaires, des membres du personnel de multiples compagnies, des zonards naviguant dans les zones d'attente d'une démarche plus ou moins assurée...

Cette diversité me fait voyager dans l'humanité et m'aide à patienter. À une autre époque, j'aurais pu en profiter pour rendre témoignage et aller chercher les âmes en peine, mais je reviens pour être en paix avec moi-même, pas pour convaincre les autres qu'ils doivent s'engouffrer dans un système qui m'éprouve.

*

Après sa journée de cours et trois bonnes heures de route, mon mari arrive enfin. Nos retrouvailles sont retenues mais sincères.

Sur l'autoroute, entre Paris et notre domicile, nous conduisons la voiture tour à tour, comme nos vies, à l'aveuglette. Mes paupières sont si lourdes que je me surprends à les écarquiller d'une main ! Lui s'est endormi à côté de moi. Je me doute que, une fois la porte de notre chambre fermée, il voudra me prendre dans ses bras. Je me protègerai en mettant mon pyjama en soie rouge et en lui rappelant que, le lendemain, il a cours de bonne heure.

Nous serons sages, cette nuit. Par la suite, je ne ferai plus de vagues, et la vie suivra son cours, comme la rivière reprend son lit après avoir tout inondé autour d'elle.

51.
LES BONS MOMENTS DU LOULOU

Nous sommes en 1997. J'ai trente ans. Le minitel vient d'être remplacé par l'ordinateur individuel. Internet est entré dans nos vies. On peut se connecter à un univers de connaissances et s'informer grâce à des bibliothèques numérisées. Il suffit de passer par des moteurs de recherche. Cette révolution me fascine.

Comme le monde des télécommunciations, je change. Depuis mon retour d'Angleterre, je me suis mise

- à la cuisine,
- à la lecture,
- à la peinture, et
- à l'écriture.

Surtout, je chante tout mon saoul dans cette nouvelle maison aux murs aussi épais qu'une prison. Mon DAEU me servira peut-être plus tard. En attendant, je découvre d'autres histoires de femmes passionnantes qui ont su trouver leur place dans une société qui ne les attendait ni ne leur a fait de cadeau. Avec soulagement et joie, j'ai la confirmation que les femmes ont toujours su se frayer intelligemment leur chemin, usant de stratégies violentes quand il le fallait, et qu'elles ne sont pas toujours les petits êtres dociles et fragiles que nous dépeignent les stéréotypes en vigueur.

*

Le *hic*, c'est que les stéréotypes ont parfois leur part de vérité, et je suis bien placée pour le savoir. Dans cette maison, je vis à la campagne sans voiture. Je suis financièrement dépendante de mon mari et désormais éloignée de tout. Faisant contre mauvaise fortune bon cœur, j'en profite pour approfondir mes talents. Je veux découvrir qui je suis et qui je veux devenir. J'essaie de concilier ce qui n'est pas aisé à concilier, par exemple mes ambitions – notamment artistiques – et mon mode de vie chrétien.

Perdus au fin fond de la cambrousse, nous devons effectuer trois quarts d'heure de voiture pour rejoindre notre congrégation. Les frais sont conséquents mais, dans ce cocon, nous nouons des relations et, paraît-il, l'amitié n'a pas de prix.

À part peut-être certains anciens, nos nouveaux contacts ne savent pas ce que nous venons de traverser. Il n'y a pas de fichier national des réprimandes publiques chez les Témoins. Dès lors, nous pouvons montrer aux autres le merveilleux couple que nous formons. Tricher devant ses coreligionnaires peut paraître étrange, mais arriver en étalant notre vraie vie sur la table comme on étale ses lettres au Scrabble n'aurait sans doute pas été une excellente idée.

Certains Témoins ont notre âge. Ils sont très sympathiques, dynamiques, gais et même, chose pas si fréquente dans les congrégations, bons vivants. La distance n'aide guère à nouer des liens un rien approfondis, mais rencontrer des frères aussi chaleureux nous donne un peu de baume au cœur. Mon fils aussi découvre de nouveaux copains. Un rythme routinier s'installe entre mes activités religieuses et culturelles.

Le temps passé en voiture n'est pas perdu. Pendant les trajets, nous écoutons les cassettes du *Recueil d'histoires bibliques* pour les enfants, des livres de la Bible et des chansons anglaises. Ce sont

51. Les bons moments du loulou

finalement de bons moments qui stimulent l'esprit vif de notre loulou, et nous nous réjouissons qu'il soit ainsi en contact avec les versets bibliques qui structureront sa pensée et l'aideront à aimer Jéhovah.

52.
LA SEMAINE DE RETARD

Comme en écho à nos trajets en voiture, l'assemblée de district de juillet aura pour thème : « La foi en la parole de Dieu ». Nous avons pour consigne de « prendre nos dispositions pour assister à l'ensemble du programme afin de profiter du délicieux banquet spirituel que Jéhovah a préparé par l'intermédiaire de son organisation », rien que ça.

Les assemblées raccourcissent. Elles passent de quatre à trois jours, mais elles commencent plus tôt, finissent plus tard, et le service des repas est supprimé. Chacun doit donc apporter sa nourriture. Il faut prévoir des glacières pleines de victuailles, de quoi payer les nuits à l'hôtel pour ceux qui ne rentrent pas chez eux... et un vestiaire digne de notre dieu. En effet, à l'occasion de ce rassemblement, l'Organisation rappelle que notre différence avec les gens du monde se marque par notre habillement et notre coiffure. Nous devons être exemplaires et modestes, autant quand nous participons aux assemblées que durant nos moments de détente. Un programme ambitieux !

Surtout, nous devons être généreux financièrement. Pour comprendre pourquoi, il faut saisir la structure de l'Organisation en France.

À la base, il y a les congrégations. La nôtre a sa salle. C'est bien.

Pour rassembler les congrégations, il y a les circonscriptions. Là aussi, c'est bon, nous avons financé la salle d'assemblée *ad hoc*.

Le drame se noue un cran plus haut : plusieurs circonscriptions forment un district ; et, dans notre cas, nous n'avons pas de salle propre pour les assemblées de district. Nous devons donc louer des espaces aux gens du monde. Inacceptable, pour l'Organisation, qui reconnaît que « nous dépensons tous de l'argent pour assister aux assemblées » mais « il y a d'autres dépenses à assumer ». Bref, il serait temps non seulement d'y penser mais surtout d'agir en donnant plus, toujours plus.

*

En fin d'été, nous passons quelques jours chez ma mère et mon beau-père. Ma mère adore dresser de belles tables et mettre les petits plats dans les grands, moins pour recevoir que pour se mettre en scène.

Comme je m'y attendais, elle est insupportable. Elle n'écoute personne, coupe sans arrêt la parole, foudroie chacun de reproches plus ou moins attendus. Tout le monde brûle son énergie à essayer de maintenir une atmosphère détendue. Insuffisant, hélas : on ne sait jamais à quel moment ou sur quelle phrase notre hôtesse va prendre la mouche. Pétris de compassion pour ses graves traumatismes émotionnels (ou feignant de l'être), nous passons un séjour détestable et évitons pourtant de nous emporter devant sa manière d'agir, de parler, de se comporter ou de nier des évidences qui la concernent.

Soudain, en plein repas, j'ai la nausée. Vu ce que je vis à ce moment-là, c'est une sorte de soulagement. Je me lève de table précipitamment. Mon mari pense que je vais prendre l'air pour ne pas craquer. Lorsque je reviens, je suis blême. Mes haut-le-cœur et ma semaine de retard ne me laissent aucun doute : je suis enceinte.

53.
La statue de sel

Dans le monde entier ou presque, 1998 est marqué par la sortie du film *Titanic* (dont la chanson-phare est interprétée par Céline Dion, mon modèle !). Pour moi, ce *blockbuster* illustre ma vie car, une fois de plus, j'ai le sentiment de vivre une tragédie qui, irrémédiablement, va me faire couler, et sans Oscar à l'arrivée.

*

Mon fils va avoir dix ans. J'ai toujours voulu un autre enfant pour qu'il ne soit pas fils unique. Mon mari a toujours refusé au nom de Jéhovah. En effet, comme vous le savez désormais, nous vivons les temps de la fin, ce n'est pas le moment de procréer. Nous verrons ça quand nous serons au paradis.

J'essaye quand même de proposer des sorties. Sage et obéissant, mon fils est à même de nous suivre au cinéma et dans d'autres activités de grands. Ça me laisse entrevoir une petite fenêtre – une minuscule meurtrière, plutôt – de liberté. Si minime est cette respiration que je multiplie les crises où je remets tout en question.

Je répète à mon époux que je me sens mal, enfermée, coincée, piégée, détournée de ma route, que j'ai besoin d'autre chose. Lui me rétorque encore et encore que je suis ingrate :

– Nous t'avons sauvée de toi-même, ce n'est pas rien !

De crises en fragments de bonheur, j'ai l'impression de pratiquer la brasse coulée. Une petite inspiration puis la noyade.

*

Mon médecin me serine que je suis névrosée, pas dépressive. La belle affaire ! En attendant que ce diagnostic me sauve, je multiplie les maladies psychosomatiques : mycoses chroniques, angine et aphonie régulières, surtout quand je me retrouve en famille. Les blouses blanches y voient un signe de rejet de ce que je vis et une défense pour ne pas exprimer ce que je ressens. Et après ? Ben, rien, débrouille-toi, ma cocotte...

Alors, je multiplie les signaux de détresse. Mon mari s'arrange pour ne pas les voir ou les comprendre. Au fond de moi, je connais la solution miraculeuse : accepter mon sort. Je vois toujours ce que je n'ai pas plutôt que ce qui est devant moi, *id est* la vie éternelle. Car, c'est une obsession, l'Organisation nous le promet : « Très bientôt, Dieu va débarrasser la Terre de ceux qui la saccagent. Il va éliminer les gouvernements actuels pour que son gouvernement juste domine la Terre. » Celui qui veut « vivre toujours sur la Terre dominée par Dieu » doit « acquérir sans tarder la connaissance exacte de Dieu, de ses desseins et de ses exigences. » Logique : la vie éternelle, c'est connaître Dieu ; si on y croit modérément, c'est que « l'ennemi cherche à nous priver de cette bénédiction »[1]. En d'autres termes, mes doutes démontrent que je suis sous l'influence de Satan.

Contre cette infection, les médicaments religieux ne manquent pas. Les plus classiques sont l'étude biblique, la prière personnelle,

---

1. https://www.jw.org/fr/bibliothèque/livres/Vous-pouvez-vivre-éternellement-sur-une-terre-qui-deviendra-un-paradis/La-vie-éternelle-ce-nest-pas-un-rêve/

l'assistance aux réunions et la prédication, évidemment. Toutefois, des molécules moins attendues peuvent être associées au traitement. Par exemple, les anciens, forts de leur immense sapience, me conseillent de jeter les vêtements que l'on m'a donnés ou que j'ai achetés d'occasion. À contrecœur, j'essaye ce remède de grand-père. J'y perds une partie de ma garde-robe sans gagner plus de sérénité dans ma foi.

Je pense à la femme de Loth. Sur les conseils de Jéhovah, Loth, sa femme et ses filles s'enfuient de Sodome et Gomorrhe juste à temps. Il y a juste une condition : ne pas regarder en arrière pour contempler la pluie de feu et de soufre. La femme de Loth désobéit et se transforme en statue de sel. Morale de l'histoire :

> Loth et ses filles ont dû être tristes de voir qu'elle avait désobéi, mais ils étaient contents d'avoir fait ce que Jéhovah leur avait dit.[1]

Malgré mes efforts, je regarde encore en arrière. Je pense encore à LUI.

Tous les jours.

Et ma grossesse, confirmée par un test implacable, ne fait qu'accentuer ce péché.

---

1. https://www.jw.org/fr/bibliothèque/livres/j-apprends-en-lisant-la-bible/3/souvenez-vous-femme-de-loth/

54.
L'enfant de l'inconscience

Je suis officiellement enceinte.

Je devrais me réjouir, mais j'ai l'affreux sentiment de trahir celui que j'aime... et j'en ai vaguement honte. Notre relation n'a jamais vraiment existé. Des coups de fil. Des baisers de collégiens. Des courriers que mon mari a découverts après ma fugue. Une nuit d'amour incomplète. C'est trop peu pour déterminer à quoi aurait ressemblé une autre vie, mais assez pour me donner à rêver et à ruminer.

Que va penser celui que j'aime quand il saura que j'ai eu un autre enfant ? Nous nous sommes promis de ne jamais nous oublier. Nous nous sommes jurés de toujours nous aimer. Nous avons choisi le myosotis comme emblème, cette fleur que l'on appelle aussi le « ne m'oubliez pas »... Pendant les deux premiers mois, je pleure comme une madeleine. Parce que j'ai l'impression de m'enfoncer dans une vie que je réprouve. Et aussi parce que j'ai l'impression de trahir.

J'aime deux hommes à la fois.

Mon mari me reproche mes sanglots, en feignant de ne pas les comprendre. Lui, ce qui l'inquiète, c'est le bébé. Il me responsabilise. Me culpabilise, plutôt. Le bébé, je dois penser au bébé. M'oublier un peu. Et, accessoirement, oublier l'autre, enfin. Ça ferait du bien à tout le monde, à moi la première. Quelqu'un qui ne connaît pas mon histoire me confirme qu'il est heureux à l'étranger avec sa famille. Heureux et loin. L'histoire est terminée. Je dois passer à autre chose.

C'est plus vite dit que réalisé.

*

L'échographie est formelle : j'attends une fille. J'en avais rêvé. Le hasard me l'a donnée. J'essaye d'effacer mon chagrin derrière ma joie. De saisir ce que la vie me donne. De moins ressasser et d'aller de l'avant.

À force de me morigéner, je ne pleure plus ou presque. Néanmoins, je continue d'être marquée par les publications de la Société. À travers elles, je comprends les guerres et les attentats. Je pense au combat entre le roi du Nord et le roi du Sud, que raconte le livre de Daniel aux chapitres onzième et douzième.

> Aux temps de la fin, le roi du Sud engagera le combat avec lui par une poussée, et le roi du Nord se précipitera sur lui avec des chars, des cavaliers et de nombreux navires ; et il pénètrera dans les pays et déferlera comme un torrent. (...) Ce sera un temps de détresse tel qu'il n'y en a pas eu depuis qu'une nation existe jusqu'à ce temps-là. Et, durant ce temps-là, ton peuple échappera, tous deux dont le nom est écrit dans le livre.

Pour les Témoins, les deux rois ont toujours été clairement identifiés. En1998, le bloc des ex-républiques soviétiques s'opposait à la puissance anglo-américaine. À titre de comparaison, on peut signaler que l'exégèse géopolitique a finalement peu évolué puisque, en 2020, le roi du Nord était toujours la Russie et ses alliés pour trois raisons :

- ils persécutent les frères sur leur territoire ;
- « leurs actions indiquent qu'ils détestent Jéhovah et leur peuple » ; et
- « ils rivalisent avec le roi du Sud, la puissance mondiale anglo-américaine »[1].

À l'époque, je ne pousse pas plus avant ma propre analyse. Je m'en tiens à constater que, comme le souligne l'Organisation, le monde est de plus en plus instable et que des tremblements de terre secouent la planète. Cela suffit à augmenter mon anxiété et, curieusement, à m'inciter à me reprendre tant qu'il est temps pour être sauvée avec ma famille et ne pas être, comme la femme de Loth, la seule à ne pas s'en sortir.

Ma fille est un second cadeau de la vie. Je dois le prendre ainsi et faire en sorte que mon inattendue m'empêche de couler en devenant à la fois un canot de sauvetage pour ma petite âme perdue et le moteur de mes combats à venir.

Pour m'y aider, je peux compter sur le maillage territorial de la communauté. En effet, bien que la congrégation la plus proche ne soit pas proche, un groupe de Témoins se réunit non loin. Une réunion hebdomadaire intitulée « L'étude du livre », rassemble les Témoins excentrés. Tout est prévu pour que personne ne soit laissé sur la touche et n'oublie jamais que « les temps de la fin sont imminents ».

____

1. https://www.jw.org/fr/bibliothèque/revues/tour-de-garde-etude-mai-2020/Qui-est-le-roi-du-Nord-aujourdhui/

<h1 style="text-align:center">55.
LE PORTRAIT DE SON PÈRE</h1>

Le monde va mal, mais mon gynécologue me rassure, mon futur bébé va très bien. Nous parlons de la manière dont je veux accoucher et surtout de la question du sang. Mon dossier précise que je ne fume pas, que je ne bois pas, que je n'ai pris la pilule que pendant deux ans, que je n'ai eu « qu'un seul partenaire » jusque-là (j'ai passé les détails), et que je refuse l'éventualité de transfusion sanguine en cas de problème. C'est là qu'est l'os, hélas ! Le médecin grimace et lâche :

– Aïe. Je me disais : une femme qui ne fume pas, qui ne boit pas, elle a forcément un défaut. Donc vous êtes témoin de Jéhovah…

– C'est à cause de ce « défaut » que je viens vous voir. Vous m'avez été indiqué par la Watchtower comme membre du comité de liaison hospitalière…

– Donc pas hostile aux Témoins, c'est ça ? C'est le cas. En tant que médecin, je respecte vos convictions comme je respecte toutes les convictions.

– Mais il y a un mais ?

– Oui et non.

– Vous faites semblant de respecter nos convictions ou…

– Ne vous énervez pas encore, laissez-moi vous dire deux choses. La première, c'est que le formulaire que vous avez signé ne m'exonère nullement de poursuites.

– Et la seconde chose qui ne doit pas m'énerver ?

– En tant que médecin mentionné dans la liste que vous avez citée, je m'engage sur un point : comprendre votre position et tout faire pour ne pas devoir vous transfuser la moindre goutte de sang.

– Donc il y a un mais, *in fine...*

– Le « mais », c'est que mes collègues et moi ne sauront pas nous résoudre à ce que votre enfant perde sa mère si nous sommes en devoir et en mesure de la sauver. Voyez-vous, un enfant a trente ans pour lancer un procès. Si vous décédez parce que vos convictions vous incitant à ne pas recevoir de transfusion sanguine, je les respecte et vous regarde mourir, cet enfant, même si j'ai cessé d'exercer, aura le droit de m'attaquer parce que j'aurai respecté votre décision.

– Même si j'ai signé une décharge ?

– La décharge ne change rien. En général, chaque médecin s'est engagé à sauver la vie, pas à aider les gens à la perdre, même après avoir signé un bout de papier. Les lois nous garantissent une protection juridique mais, vue l'avancée de certaines organisations comme la vôtre et les sommes qu'elles sont prêtes à verser pour engager de grands avocats...

Je m'étonne de sa franchise envers moi et l'en remercie. Je ressors un peu moins idiote et avec une tempête sous mon crâne.

*

Cela confirme ce que m'avait dit la femme de l'anesthésiste que j'avais suivie pour son baptême. Selon son mari, les décharges pour jéhovistes ne servent qu'à rassurer les patientes.

La plupart des praticiens, s'estimant non protégés, pratiqueraient la transfusion si nécessaire. L'astuce pour éviter les protestations : ouvrir un autre dossier sans la décharge lors du transfert du patient dans un service différent, pour se couvrir en cas de demande de dossier médical. Tout le monde y gagne, selon eux : les médecins sauvent une vie, et les Témoins survivent miraculeusement grâce à leurs prières ferventes.

*

J'accouche sans anicroche.

De retour à la maison, ma petite fille dans les bras, je suis soulagée. Le bébé est le portrait craché de son père. Son frère est en adoration. Bien sûr, un nouveau-né, c'est aussi épuisant qu'euphorisant, mais je suis entourée, voire dorlotée. La mère de Laure, une copine d'école de mon fils avec qui j'ai sympathisé, vient souvent me rendre visite. Elle a accouché l'année précédente. Nous nous entraidons. En échange de son amitié, je m'abstiens de lui prêcher la bonne parole.

Le Royaume attendra.

56.
L'IMPARABLE RÉPONSE

En 1999, l'épidémie de bougeotte nous reprend. Une fois de plus, les propriétaires de la maison que nous habitons s'apprêtent à vendre. D'un côté, nous ne pouvons pas nous aligner sur le prix qu'ils en demandent ; de l'autre, je ne souhaite pas retourner dans la ville où j'ai trop de souvenirs. Je téléphone à ma grand-mère maternelle. Elle me propose d'aller habiter chez elle, dans sa grande maison bressanne.

Dans les combles de sa demeure est aménagé un petit appartement qui pourrait nous convenir. À côté de sa chambre, mon fils pourrait avoir la sienne. La bâtisse est vaste, et il n'y aurait pas de loyer à payer contre quelques heures de ci de là pour lui donner un coup de main. Malgré moi, j'y réfléchis. Me retrouver au fin fond de la campagne une fois de plus ne m'attire pas plus que ça. Néanmoins, les arguments en faveur de cette possibilité sont patents :

- le bon air et les grands espaces plairont aux enfants ;
- changer d'horizon m'aidera peut-être à continuer le deuil de mon autre vie fracassée ; et, surtout, vue notre situation pécuniaire,
- nous n'avons guère le choix.

« Mon musicien » n'ayant rien de mieux à proposer, neuf mois après la naissance de ma fille, nous voici donc partis pour le domicile de mamie Annette, 86 ans. Mamie n'est pas témoin de Jéhovah, et nous avons convenu de ne pas l'embêter avec ça. Elle est plutôt

« croyante (un peu) non pratiquante (totalement) ». Pour elle, la religion est surtout l'occasion de faire ripaille lors des fêtes.

Elle a de l'argent et n'économise pas son pécule. Pourquoi l'économiserait-elle ? Nos repas sont riches et de qualité. Quand l'occasion s'y prête, nous buvons du très bon vin. Tant pis pour la grandiloquence, je l'assume : je crois que nous passons chez elle les meilleurs moments de notre vie.

*

Je me mets à la peinture. Je participe à des expositions. Je gagne des prix. J'entre même à l'Académie des peintres de Mâcon. Pour ouvrir mon cercle d'amis au-delà des Témoins locaux, j'adhère à une association de protection du patrimoine. J'explore de nouveaux horizons. Ma fille grandit. Mon fils va au collège. Tout s'organise.

Côté Société, nous tissons des liens avec les membres de la congrégation du coin. J'en connais certains car, dans ce milieu communautaire très restreint, entre les assemblées, le volontariat, les constructions, les mariages, nous nous connaissons souvent plus ou moins. De plus, certains me connaissent car mon père est le loup blanc des Témoins – son aide est appréciée tant pour organiser les constructions que pour sonoriser des événements.

Les constructions restent au cœur des préoccupations de l'Organisation. 636 salles du Royaume ont été construites ou rénovées depuis les années 1980 grâce à l'huile de coude des bénévoles et aux dons des fidèles. Cela représente 82 % de ses lieux de culte[1]. Il faut accélérer. Pour cela, la Société propose à ses membres de

---

1. Régis DERICQUEBOURG, « L'implantation des édifices cultuels des Témoins de Jéhovah en France », *in : Les Annales de la recherche urbaine n° 96, 2004, pp. 83 sqq* (https://www.persee.fr/doc/aru_0180-930x_2004_num_96_1_2558).

56. L'imparable réponse

contracter auprès d'elle des prêts à taux zéro. Chaque mois, en plus des traites, il est proposé aux emprunteurs d'ajouter un don déductible en partie de ses impôts. Sont encouragés les legs, dont le patrimoine immobilier. Du coup, c'est la panique chez certains enfants exclus, qui tremblent de se voir déshériter avant le décès de leurs parents préférant faire des dons pour l'accomplissement de l'œuvre de Dieu !

À l'approche de l'an 2000, les promesses d'apocalypse se multiplient. Un *bug* va éradiquer la civilisation à moins que la station Mir, chère à Paco Rabanne, ne s'écrase sur Paris le 11 août, lors de l'éclipse... Pour nous, Témoins, rien d'effrayant puisque nous vivons avec la certitude que, bientôt, plus rien, donc le paradis. En d'autres termes, pire va le mieux, mieux c'est puisque nous nous approchons des temps de la fin où Jéhovah reconnaîtra les siens. La seule question que nous nous posons est : quand ? Par chance, nous connaissons la réponse, et elle est imparable : quand Jéhovah le décidera !

57.
LE TAPIS ROUGE

En l'an 2000, j'ai trente-trois ans. Je ne travaille pas mais je suis très occupée. Comme j'allaite encore ma fille, je ne prêche pas, refusant d'emmener un bébé avec moi. Du coup, la congrégation commence à remarquer certaines de mes résistances et de mes questions insistantes sur des sujets récurrents. Par exemple, je ne trouve pas normal qu'un pionnier qui entrerait dans une église se fasse retirer son « privilège » sous prétexte que des « frères plus faibles » supputeraient qu'il assiste à un faux culte au lieu de penser au plus probable : qu'il visite l'architecture ou prend le frais en cas de canicule. Les versets qui appuient ces décisions me paraissent obsolètes et décalés. Néanmoins, mes frères en Jéhovah sont patients, d'autant que mon mari est serviteur ministériel.

Nous invitons régulièrement des Témoins chez mamie. Loin d'y voir malice, elle est ravie de croiser du monde et de constater que les Témoins peuvent être des gens drôles et agréables. Annette elle-même n'est pas contrariante. Vivre près d'elle est un plaisir, même si nous découvrons aussi ses fragilités. Tous les soirs, après une bonne journée, télé, fauteuil, repas, et observations de tous nos faits et gestes, elle se dirige vers sa chambre, un petit coup dans le nez qu'elle pense atténuer avec un ou deux chocolats belges cachés dans son armoire, et elle se couche en espérant ne plus se réveiller. Son rêve : mourir dans son lit comme son mari.

Mes enfants grandissent joyeusement avec leur arrière-grand-mère qui les gâte à la moindre occasion. Je connais alors un peu d'insouciance et de paix intérieure. Je vis dans l'espoir moins de la vie éternelle que du succès : j'ai écrit un scénario pour Céline Dion, je l'ai envoyé, je m'attends à chaque instant à ce que Céline débarque ou, à défaut, à ce que le téléphone sonne pour m'annoncer que son agent veut me rencontrer au plus vite.

Pourtant, mon seul succès de l'année aura été d'avoir aidé mon fils à gagner un concours organisé par Disney Chanel. Pour nous récompenser, quatre jours tous frais payés à Euro Disney en VIP pour notre famille. L'équipe de l'émission et son animateur sont venus à la maison une journée entière pour filmer notre petit héros : à cheval, avec ses copains, dans le jardin avec sa sœur, au piano dans sa chambre. À Marne-la-Vallée, nous rencontrons des vedettes comme Charlélie Couture. David Halliday est là aussi. Il repart les bras chargés : je lui offre un tableau qui le représente avec son père. J'y ajoute une cassette contenant la maquette de « Bras de fer et de feu », une chanson que j'ai composée avec mon mari. Je croise un scénariste américain à qui j'essaye de vendre mon scénario. Ma passion pour Céline vaut que je tente le coup !

Ces tentatives et quelques autres se soldent par les silences et, au mieux, les refus attendus, mais je ne désespère pas. Mon père m'a souvent dit que, quand on lance son pain dans l'eau, il remonte toujours. Moi, j'ai plutôt l'impression qu'il finit dans le ventre des canards avant de s'être doré la croûte au soleil ; cependant, je veux croire au dicton qui dit : « Aide-toi, et le ciel t'aidera ! » Alors, je fais mon possible ; la suite ne m'appartient pas !

*

2000 est une année miraculeuse pour les Témoins. La France est condamnée à verser près de 4,6 millions d'euros à l'association des témoins de Jéhovah, comme l'a ordonné la Cour européenne des droits de l'homme (CEDH). Ce montant correspond au remboursement de taxes indûment perçues par le fisc entre 1993 et 1996. En effet,

> les juges ont estimé que Paris a violé le droit des témoins de Jéhovah à exercer librement leur culte en leur infligeant un important redressement fiscal. Celui-ci était motivé par le refus de leur accorder l'exonération fiscale sur les dons et legs dont bénéficient en France les associations cultuelles et les congrégations religieuses. (...) La CEDH, qui a renvoyé la question des dommages à un arrêt ultérieur, a décidé que les Témoins de Jéhovah devaient être intégralement remboursés[1].

Je devrais me réjouir, et je n'y parviens pas. Si la CEDH dit que nous sommes une religion et non manière de secte, sera-ce que mes questions, mes doutes, mes révoltes sont le fruit des illusions du monde dirigé par Satan ? Une fois de plus, je devrais m'incliner. Or, ma voix intérieure refuse de se le tenir pour dit. J'ai plutôt l'impression que la CEDH n'a pas conscience de ce qu'elle met en place. Au nom de la liberté, elle leur déroule le tapis rouge. Elle affaiblit les outils permettant de lutter contre les dérives et de les limiter.

Dans *Fidèles au gouvernement divin et à lui seul*, à la page 148, la société Watchtower revendique, d'une part, sa capacité mondiale à fédérer « ceux qui n'appartiennent pas au monde » et, d'autre part, ses victoires juridiques qui résonnent comme la « preuve

---

1. https://www.lenouvelliste.ch/monde/la-france-condamnee-a-verser-46-millions-a-l-association-des-temoins-de-jehova-225515

évidente que le Royaume de Dieu est en action et que le Roi Jésus Christ continue de diriger, d'affiner et de protéger ses sujets »[1]. Si l'on s'en remet à la CEDH, la liberté religieuse devient une liberté de gagner toujours plus grâce à la foi ou à la crédulité de ses adeptes. Impossible désormais de contenir ce type de mouvement en les tapant au portefeuille. Surtout, par sa décision, la CEDH conforte les Témoins dans la certitude qu'ils forment le peuple élu de Dieu, celui qui remporte de grandes victoires.

Et si c'était vrai ?

---

1. D'autres victoires fiscales suivront, notamment celle du 30 juin 2011 expliquant que la législation française est trop imprécise pour demander de taxer les dons (https://www.jw.org/fr/biblioth%C3%A8que/livres/royaume-de-dieu/victoires/combats-pour-liberte-de-culte/). Les Témoins deviennent habilités à réclamer 4,5 millions d'euros à l'État français (https://www.lemonde.fr/societe/article/2011/06/30/temoins-de-jehovah-la-cour-europeenne-des-droits-de-l-homme-condamne-la-france_1543102_3224.html).

58.
LA SOUPAPE

En 2001, faute d'avoir réussi à vendre mon scénario (pour le moment !), je décide de me réorienter professionnellement et de suivre une formation d'infographie. Mon objectif est de travailler dans une agence de communication. Après un concours d'entrée, je suis admise pour dix mois intensifs d'étude et de pratique. Inconvénient : il faut quitter la maison de mamie Annette, trop éloignée d'une grande ville. Mon mari obtient sa mutation dans la région où nous comptons nous installer. Nous retournons dans la région de sa naissance, celle que je maudis dans mon cœur et qui risque de réveiller la bête qui sommeille en moi. Mais, tel le saumon, mon mari veut revenir à sa source.

Annette ne survit pas longtemps après notre départ. À la suite de plusieurs malaises cardiaques, elle est transportée à l'hôpital où elle ne tarde pas à rendre l'âme. Son enterrement m'aide à prendre tristement conscience qu'un nouveau chapitre de ma vie est sur le point de s'écrire. Je quitte un cocon protégé, un monde de tendresse et de douceur, la bulle dans laquelle ma grand-mère nous avait accueillis avec amour et générosité. Direction la grande ville et une nouvelle « nouvelle vie ».

*

Ici, rien ne m'est étranger. Je connais les membres de la congré-gation locale. Je vois avec crainte resurgir les fantômes de mon passé. Je sens que mon vernis de sérénité est en danger.

Mes enfants m'apportent leur lot de fierté, de bonheur et de soucis. Ma fille a trois ans. Mon fils suit les cours du CNED à la maison. Premier de sa classe, il ne ressemblait pas à ses camarades. À l'école, il se plaignait de leur agressivité. Quand j'ai senti qu'il subis-sait une forme de harcèlement, j'ai décidé de lui éviter d'endurer sa différence. Les enfants des gens du monde creusent un fossé entre nous, et vice-versa. Mon fils souffrait de ne pas avoir les mêmes repères que les autres élèves. Lui aussi était confronté aux invita-tions auxquelles il ne pouvait assister. Sa tristesse me revenait ainsi en pleine figure... et me mettait en colère. L'environnement apaisé du cocon familial l'aide à se construire de manière plus apaisée, sans stigmatisation ni brimade d'aucune sorte.

Je veille à ce qu'il ne soit pas isolé : son oncle est à peine plus âgé que lui, et il le voit régulièrement. Il a autour de lui ses anciens copains de la congrégation. Chaque semaine, je l'emmène à des cours d'équitation.

Quant à moi, tous les jours, pour me rendre à ma formation, je passe devant l'entreprise où travaillait Celui-qui-fait-partie-du-passé. Je mets en route mon pilotage automatique : je me serine aussitôt que le passé est le passé, et j'essaye de ne plus y penser.

Mon existence bien réglée m'y aide. Elle est même si bien réglée, mon existence, que les attentats du 11 septembre m'horrifient sans m'effrayer. Je me doute que l'Organisation va encore nous expliquer que ces attaques signent l'imminence de la grande tribulation. Je m'en fiche un peu. Pas complètement, mais un peu. À force de crier au loup, la Société a réussi à me blinder contre ce genre de prophétie. Je ne mange plus de ce pain noir.

J'obtiens mon diplôme d'infographiste. Au cas où la fin du monde ne serait toujours pas pour demain, je n'ai plus qu'à chercher du travail. Mon père avait une autre expression qu'il répétait sans arrêt : cette vie-là n'est qu'un « brouillon » en attendant le chef-d'œuvre, celui que nous découvrirons quand nous serons en paradis.

*

Je n'ai pas à chercher longtemps car l'école m'aide à décrocher un poste dans l'administration. J'effectue un remplacement dans un service de communication.

Je mentirais si je disais que c'est un joli aboutissement pour moi. Le poste n'est pas le moins du monde folichon. Je dois établir quotidiennement une revue de presse contenant les informations qui concernent l'enseignement puis la distribuer à différents services. Je dois aussi écrire des communiqués de presse, envoyer – après validation par mon chef de service – des invitations ou des communiqués à une liste de personnalités et de journalistes. Quand je me regarde travailler, je constate qu'elle est loin, la chanteuse vedette arrivant sur la scène de Las Vegas ou la scénariste à succès qui monte les marches à Cannes ! Mais pas le temps de me morfondre : celle que je remplace revient, et le poste supplémentaire que l'on m'avait fait miroiter n'est pas créé, faute de budget.

On me propose alors des remplacements en tant qu'agent administrative dans des collèges. C'est ainsi que je quitte le milieu de la communication. Soucieuse d'éviter de perdre mes acquis, je m'engage dans une association de quartier où je remanie le journal. La maigrelette feuille de chou devient un joli douze pages, composé avec soin. Je m'occupe de la mise en page, et je rédige itou des articles, des photos et des *interviews*, ce qui me fait rencontrer des gens. Mon mari trouve que cela me prend trop de temps. Je le renvoie aussi sec dans ses buts : ne va-t-il pas jouer au foot le dimanche avec les frères, depuis que nous sommes revenus ?

*

Nous habitons chez mes beaux-parents. Je vis au sous-sol pendant un an jusqu'à la fin des travaux de la petite extension que nous construisons.

Mon mari n'a pas compris que je suis en train de dépérir à petit feu. J'ai besoin de beau, d'espace, de culture, de défis à relever, et je me retrouve là où tout a mal commencé. Je serre les dents et garde un poing fermé dans ma poche. Souffrir, soit ; renoncer, jamais.

J'ai ma propre voiture pour aller travailler. Nous n'avons pas de loyer à payer, très peu de charges, il est temps pour nous de voler de nos propres ailes. C'est la bouée à laquelle je m'accroche pour ne pas sombrer : mon mari a fini par accepter de devenir propriétaire. Je m'occupe des constructeurs, des plans, des prix, des terrains qui doivent être situés à une distance raisonnable de la congrégation. Je fouille, j'étudie, je surveille les taux du crédit (ils sont bas, c'est le moment de se lancer), je prépare un dossier pour la banque présentant notre projet, je cherche le meilleur rapport qualité-prix. Je m'active. J'y crois. Si je n'y croyais pas, comme d'habitude, qui y croirait pour moi ?

*

J'obtiens un poste fixe au rectorat. Ce travail me permet de progresser sur le plan professionnel et de suivre de multiples formations administratives. Par nature, je donne toujours le meilleur de moi-même dans ce que je j'entreprends. Toutefois, j'ai nettement l'impression de gâcher mon temps. Je m'use à accomplir les tâches répétitives auxquelles je suis cantonnée. Les défis limités que l'on me propose me laissent sur ma faim. J'ai envie d'exigence, d'élévation, d'inventivité, d'art. Le besoin d'inventer, de créer, d'écrire, de rechercher, continue de bouillir dans la marmite de ma cervelle. J'ai beau faire preuve d'ingéniosité pour retenir le couvercle, il me faut une soupape de sécurité.

En attendant une opportunité dans l'écriture ou la chanson, logiquement, je pense au sexe.

59.
LA MAUVAISE PIOCHE

Si j'ai eu des aventures hors mariage, ce n'est ni parce que toutes les femmes sont volages ni parce que j'ai une nature particulièrement perverse. J'aime le sexe, oui. Je ne m'en cache pas et je n'ai pas l'intention de lutter contre cette délicieuse inclination. Néanmoins, ce qui me conduit à regarder ailleurs, plus que le plaisir de la nouveauté ou le frisson de la transgression, c'est que mon mari ne me comble pas. En général, pour un Témoin, la sexualité est la dernière roue du carrosse. Mon mari, lui, a plutôt tendance à atteler la voiture plusieurs fois par jour. Sur le principe, le projet n'est pas pour me déplaire ; mais je dois reconnaître que le voyage n'est pas souvent éblouissant.

Je constate avec effarement la différence entre ce que je ressens et ce que montrent les actrices dans les films. En quête de l'introuvable plaisir suprême, je cherche des explications. Sera-ce parce que nous sommes incurablement maladroits – après tout, nous n'avons connu que nous ? Est-ce parce que je suis toujours traumatisée par ce que j'ai subi avant mon mariage ? Serais-je punie parce que j'ai désobéi aux préceptes jéhovistes ? J'échafaude aussi des solutions. Je pense par exemple à aller voir ailleurs, mais le danger m'apparaît sur-le-champ : si c'est vraiment mieux avec un autre homme, je devrai quitter mon mari, et je ne me sens pas prête à m'y résoudre. J'imagine aussi de jouer sur la frustration : après un mois sans rapport sexuel, l'envie serait telle que, peut-être, alors... mais le défi me paraît insurmontable, et je préfère oublier cette hypothèse.

D'autant que mon mari se démène pour me faire la courte échelle vers le septième ciel. Il essaye de pimenter ses pratiques. Il achète des *sex toys*. Il avoue regarder des films porno afin de trouver la solution qui me comblerait. Il s'agite parce qu'il tient à moi... et parce que, à force de m'ennuyer quand il me caresse, j'ai de plus en plus souvent la migraine au moment de passer à l'acte.

*

Dans les textes de la Société, la sexualité – entre époux, évidemment – n'est pas bannie. Il est même admis que Dieu « a manifestement créé les organes sexuels de façon à permettre aux conjoints de s'exprimer leur affection d'une manière qui soit pour tous deux un moment de plaisir »[1]. Le sexe entre époux n'est pas considéré comme essentiel. Une sœur m'a raconté que, après son mariage, elle avait découvert que son mari était impuissant. Il le lui avait caché. Les anciens ont été formels : quoique la nouvelle soit fâcheuse, ce n'est pas un motif légitime de divorce.

Encadré par des préceptes de décence, le coït est conseillé dans un but précis : éviter aux mariés les tentations extérieures. Si l'un des deux allait voir ailleurs, l'autre porterait une partie de sa faute car, s'il l'avait satisfait, il n'y aurait pas eu adultère...

La conception du rapport chez les Témoins est souvent limitée. Je ne sais s'il s'agit d'une spécificité de notre communauté, puisque je ne connais qu'elle ; cependant, selon ce que j'ai constaté et que des amies m'ont confié au hasard de confidences, l'éventail des

---

1. https://www.jw.org/fr/bibliothèque/revues/wp20111101/Dix-questions-sur-la-sexualité/

positions utilisées par les couples légitimes est minimale voire minimaliste – disons : fonctionnelle.

La faute à la tradition, peut-être ; à la pudeur et à l'ignorance, sans doute ; assurément à la Société qui encourage à la sobriété. Selon elle, « pas plus que la gloutonnerie, l'ivrognerie et la paresse, l'usage effréné des facultés sexuelles ne procure le véritable bonheur ». Pour mieux cadrer les relations sexuelles, la société Watchtower s'efforce de donner de multiples conseils et ordonnances pour les couples :

> Dans les textes rapportant les déclarations de Jésus et de ses disciples, le mot grec traduit par « fornication » est *porneia*. Il vient de la même racine que le terme moderne « pornographie ». *Porneia* était utilisé au temps biblique pour désigner un large éventail de relations sexuelles illicites en dehors du mariage. Par *porneia*, il faut donc entendre l'usage foncièrement immoral des organes sexuels par au moins un humain (usage naturel ou perverti). (...)
>
> Que penser de deux partenaires qui sont l'un et l'autre d'accord pour vivre ensemble dans la fornication ? Peut-on encore dire qu'ils « nuisent à leur prochain et lèsent ses droits » ? Oui certainement.[1]

Au point que « si l'un des deux conjoints se rend coupable de fornication », le « conjoint innocent » a légitimité à demander le divorce[2]. En somme, si les rapports sexuels et le plaisir sont autorisés, les conjoints sont invités à éviter les « appétits sexuels honteux » et les « désirs mauvais »[3]. Les anecdotes que me murmurent mes sœurs en Jéhovah ne me laissent aucun doute sur le fait que le message a été reçu cinq sur cinq par la plupart des Témoins.

---

1. https://wol.jw.org/fr/wol/d/r30/lp-f/1101986043
2. https://wol.jw.org/fr/wol/d/r30/lp-f/1101986043#h=19
3. https://wol.jw.org/fr/wol/d/r30/lp-f/1101986043#h=25

*

Un jour, je plaisante avec l'une de mes amies de la congrégation. Son mari vient de partir à l'étranger pour trois mois – dans les DOM-TOM, de surcroît, endroit que j'associe à un érotisme torride voire immaîtrisable. Je lui demande comment elle fait pour tenir… d'autant que la Société interdit la masturbation. Elle a l'air surprise par ma franchise. Pas farouche, je remue, pour ainsi dire, le couteau dans la plaie :

– Comment tu vas te débrouiller pour tenir ? Et ton mari ? Trois mois, c'est super long, non ?

– Le contrat est simple : si on n'est pas ensemble, on ne peut rien faire, donc on ne fait rien. Avec le temps, on apprend à se contrôler.

– En principe, d'accord, mais, dans la réalité, c'est plus compliqué !

– Pourquoi ?

– Tu veux que je te fasse un dessin ? Tu sais comment sont les hommes !

– Je ne suis pas sûre de te suivre…

– Si je te dis qu'ils ont besoin de sexe, je ne t'apprendrai rien.

– Nous aussi, parfois ! Pas toi ?

– Ah, si, mais pas parfois : souvent ! Enfin, maintenant, plus vraiment, mais c'est encore une autre histoire…

– Qu'est-ce qu'il s'est passé ?

– Rien, justement. Il ne s'est rien passé. Depuis dix ans, je… Comment dire ? Je me sens frustrée.

– Depuis dix ans ?

– Oui. Je ne vais jamais jusqu'au bout. Apparemment, ce n'est pas rare : j'ai lu dans *Santé magazine* que 20 % des femmes seulement auraient des orgasmes vaginaux. Sauf que ça m'ennuie d'être dans les 80 % qui ne connaissent pas ça !

– Tu crois que c'est de sa faute ?

– Comment savoir s'il s'y prend mal ou si c'est moi qui ai un problème ? Même quand il me fait un cunnilingus, c'est compliqué...

– ... et, surtout, c'est interdit !

– Ah ? Pourquoi ?

– C'est une pratique homosexuelle ! Faudrait peut-être lire un peu tes *Réveillez-vous*...

– Je dois être simplette parce que je ne vois pas le rapport entre cunnilingus et homos.

– Les lesbiennes pratiquent ce genre de truc. Donc c'est une pratique homosexuelle. Donc c'est pas pour nous. Je te rappelle ce que dit Romains 1:26 : « C'est pourquoi Dieu les a livrés à des passions infâmes : car leurs femmes ont changé l'usage naturel en celui qui est contre nature ; et de même les hommes, abandonnant l'usage naturel de la femme, se sont enflammés dans leurs désirs les uns pour les autres, (...) recevant en eux-mêmes le salaire que méritait leur égarement. »

Je me rapproche de son visage et je plisse le front avec effronterie pour lui susurrer :

– Tu sais que les homos s'embrassent aussi sur la bouche. Ça non plus, on n'a pas le droit ?

– Pfff, t'es pas obligée d'être bête, parce que tu as des problèmes avec ton mari. Mon mari et moi, on applique ce que dit Paul, dans la lettre aux Colossiens, 3:5 : « Faites donc mourir les membres de votre corps (...), de l'impureté, des désirs sexuels, des envies nuisibles et de la convoitise, laquelle est idolâtrie. (...) »

Et elle ajoute un peu moqueuse :

– Moi, j'ai eu de la chance, je n'ai pas tiré la mauvaise pioche !

60.
L'impossible renoncement

Pour combler le vide que je sens en moi et la pression qui me sort par tous les pores, je cherche d'autres échappatoires. À défaut de m'épanouir, je m'occupe entre

- travail,
- vie de famille,
- activités autour de la congrégation,
- projets artistiques (je veux mettre en musique des poèmes de Victor Hugo !),
- bénévolat et
- recherche d'un terrain pour faire construire.

Les constructions de salles, elles, sont quasiment terminées en France. Désormais, le maillage des salles du Royaume est assez serré. 226 lieux de culte ont été ouverts lors de la dernière décennie dont seulement huit entre 2001 et 2003. La France totalise 1 495 congrégations qui se partagent 918 salles. En Île-de-France, par exemple, six congrégations se partagent un seul lieu afin d'optimiser sa rentabilisation. Il n'y a pas de petits profits !

*

L'été 2003 est caniculaire. Néanmoins, dans la salle non climatisée, les frères gardent leur veste afin de « rester corrects », c'est la consigne. Je trouve cela grotesque.

Ce que j'entends aussi m'ennuie. Les argumentations simplistes et le ressassement des vieux principes bibliques me paraissent de plus en plus pauvres, archaïques et décalés. Ça m'énerve. Dès que je le peux, je m'éloigne dans l'une des salles secondaires. Ma fille a la bonne idée d'avoir la bougeotte, et je ne voudrais surtout pas déranger ! Là, je m'efforce de retrouver mon calme, en espérant qu'une sœur ne vienne pas me tenir la jambe.

Un jour, à la fois navrée et insupportée par ce que j'entends et qui n'en finit pas, je quitte la réunion en plein discours pour emmener ma fille au parc, loin de ces discours vides et dogmatiques. Elle court dans l'eau, patauge dans les fontaines avec d'autres enfants. Malgré la chaleur, je me sens mieux ici. À la salle, je ne suis plus qu'une comédienne qui joue le rôle de la bonne épouse, pieuse et soumise, et de la bonne mère, attentive et aimante. Je me contente d'attendre le clap de fin. Il est long à venir.

*

Le temps passe, et les ritournelles de la Société nous sont resservies. En février 2004, *La Tour de garde* précise ce qui nous attend pendant la grande tribulation.

> Pour les chrétiens fidèles qui seront spectateurs de cette destruction, le tableau sera impressionnant. Pour commencer, les rois de la terre (la partie politique de l'organisation de Satan) s'en prendront aux partisans de Babylone la Grande (la partie religieuse) et les détruiront (Révélation 17:1, 15-18). Ainsi, par un incroyable coup de théâtre, le royaume de Satan se divisera contre lui-même, une partie en attaquant même une autre, et Satan sera incapable de l'empêcher (Mt 12:25, 26). Jéhovah mettra au cœur des rois de

la terre « d'exécuter sa pensée », c'est-à-dire d'effacer de la Terre ses ennemis religieux. Une fois la fausse religion anéantie, Jésus Christ, à la tête de ses armées célestes, écrasera ce qui restera de l'organisation de Satan, ses éléments politiques et commerciaux. Enfin, Satan lui-même sera mis hors d'état de nuire, et le rideau tombera sur ce long mélodrame (Révélation 16:14-16 ; 19:11-21 ; 20:1-3). (…) Quand les tombes de souvenir seront vidées, des milliards de ressuscités entreront en scène. Quelle joie ce sera de voir les générations réunies et ceux que la mort avait séparés s'étreindre avec émotion ! En définitive, toutes les créatures vivantes adoreront Jéhovah (Révélation 5:13). Une fois les changements menés à bonne fin, le rideau se lèvera sur un Paradis universel. Qu'éprouverez-vous à la vue de ce spectacle ? Sans doute aurez-vous envie de vous exclamer : « Cela valait vraiment la peine d'attendre aussi longtemps ! »

Tout n'est qu'une question de patience, d'endurance, de fidélité et, surtout, d'obéissancc. Cela me paraît de moins en moins dans mes cordes.

*

Un an plus tard, mon fils est au lycée. Je suis fière de ses bons résultats. Nous avons enfin trouvé un terrain, et la construction de notre maison commence. Il est temps. Je ne supporte plus de vivre dans un réduit sombre, humide, mal pensé et collé à la maison de mes beaux-parents. Cinq ans que j'endure ce calvaire !

Mon mari me laisse m'occuper de tout, y compris de l'agencement des pièces, du moment que lui en soit réservée une pour faire de la musique. Pour réduire les frais, nous ponçons, enduisons et peignons les murs nous-mêmes ; nous posons le carrelage ; nous montons les placards et *je* monte la cloison de la douche. Côté artistique, à l'occasion d'un festival local, je prends attache avec Michel de Decker, un historien qui a écrit un livre sur la vie amoureuse de Victor Hugo[1]. En effet, de mon côté, je travaille d'arrache-pied sur mon projet de disque autour des poèmes du grand écrivain. Je n'ai pas renoncé – je ne veux pas, je ne *peux* pas renoncer – à l'espoir que, un jour, l'art en général et la musique en particulier vont me sauver...

------

1. Belfond, « La vie amoureuse », 2002

61.
L'ENVOÛTEMENT

En 2006, à l'occasion de la « semaine spéciale », l'Organisation met l'accent sur le baptême, reflétant ainsi l'inquiétude du Collège central à propos des jeunes. Le Collège est ce « petit groupe de chrétiens mûrs qui donne une direction aux témoins de Jéhovah du monde entier ». Leur mission est double : ils doivent

- s'occuper de l'enseignement biblique dispensé au nom des Témoins, et
- diriger l'œuvre mondiale « en organisant l'activité d'évangélisation et en gérant l'utilisation des dons ».

Pour donner une idée, en 2023, il est composé de neuf hommes blancs qui « se dépensent (*sic*) au siège mondial des Témoins à Warwick (État de New York) » en se laissant « guider par l'Esprit Saint afin d'essayer de parvenir à des décisions unanimes »[1].

En 2006, donc, les grands maîtres des Témoins constatent avec effroi que de nombreux jeunes évitent de « prendre position » en se faisant baptiser. Ces chenapans en profitent pour se moquer comme d'une guigne des limites de la décence chrétienne. Face à ces infractions, le Collège tient à rappeler la signification de l'engagement.

Cela aussi sonne creux en moi. J'ai été élevée dans l'idée que le baptême était un engagement envers les témoins de Jéhovah ; ne

---

1. https://www.jw.org/fr/temoins-de-jehovah/faq/college-central-jw-assistants/

pas être baptisé n'exonérait pas de suivre les commandements de Dieu. Se bien comporter me paraît aussi important dans un cas comme dans l'autre. Tout est dans le cœur. Pas besoin d'être baptisé pour ça, même si cet engagement, quand il est mûrement réfléchi et librement décidé, renforce le devoir d'exemplarité du Témoin.

*

Je me souviens que, quand j'étais gamine, des enfants de neuf ans non baptisés étaient parfois cités en exemple pour leur intégrité « face à l'adversité » et aux pressions extérieures. Le témoignage qu'ils rendaient glorifiait le nom de Jéhovah indépendamment de leur appartenance officielle à la famille des baptisés. Être élevé par des parents Témoins, cela amenait à intégrer une exigence de droiture et de décence presque indépendante de la religion. Celle-ci transformait la droiture en offrande à Jéhovah sans la faire changer de nature.

Une telle exigence morale a ses avantages. Elle vous donne un cadre plus que bénéfique pour vivre en bonne intelligence avec vos proches et l'ensemble de vos relations. Elle vous aide à effectuer des choix pertinents et vous conduit de préférence « par les justes chemins », comme dit le psaume 22, pour l'honneur de Jéhovah mais aussi, incontestablement, pour votre bien. Pas de quoi vous garantir une conduite irréprochable et une attitude toujours parfaite, ça se saurait, mais de quoi vous former le jugement et contribuer à mieux mettre en perspective vos actions.

Néanmoins, à mes yeux, l'exigence morale des Témoins a un versant beaucoup plus sombre car, en l'espèce, elle s'accompagne de la peur permanente de déplaire à son créateur et, en cas de mauvaise action (inévitable…), de perdre la vie éternelle. Le pire est que je m'habitue à cette pression, au point que je ne comprends pas pourquoi, parfois j'étouffe. Pourquoi je vais souvent chez le médecin pour lui parler de cette boule dans la gorge permanente, qu'il est incapable d'expliquer.

*

Les jeunes Témoins prennent-ils prétexte du fait qu'ils ne sont pas baptisés pour jouer avec les limites de l'impiété ? Le surveillant de circonscription et le surveillant de district ont la solution : baptisons les jeunes plus tôt ! Ce geste leur servira de garde-fou spirituel.

Je suis vent debout contre cette idée. Laissons les enfants libres d'être des enfants, guidons-les au mieux de notre possible, et offrons-leur d'entrer en pleine conscience dans la famille des Témoins baptisés quand ils auront cerné les tenants et les aboutissants de leur engagement baptismal ! N'était-ce pas l'un des points fondamentaux censés nous distinguer des catholiques ?

J'en discute avec mon mari. Il balaye mes critiques d'un argument sans appel : il faut obéir. La Société sait mieux que nous ce qui est bon pour la communauté en général et nos enfants en particulier. Baptiser ces derniers plus tôt ne peut que renforcer la congrégation et rendre gloire à Jéhovah de manière plus éclatante. Sans compter la tarte à la crème qui revient à chaque fois, à savoir que nous vivons les temps de la fin et qu'il vaut mieux s'assurer que les enfants soient baptisés avant que ne survienne la fameuse, la sempiternelle, l'inévitable « grande tribulation ».

*

J'ai beau être « née dans la Vérité », je ne suis pas d'accord. Quel dieu équilibré ne souhaiterait pas que ses fidèles qui le prient, le louent et l'aiment, le fassent en pleine possession de leurs moyens intellectuels ? Cela ne serait contradictoire ni avec une dévotion profonde, ni avec un désir de répandre la bonne parole parmi les gens du monde, au contraire ! Mais je devine les deux inconvénients qu'une telle option soulèverait. D'une part, réfléchir et obéir aveuglément à la Société n'est pas compatible. D'autre part, *ne pas* réfléchir est souvent plus confortable que d'essayer de penser par soi-même. Pour qui s'y range, l'argument d'autorité est un parfait dissipateur de doutes !

À l'inverse, se remettre en question, examiner la pertinence du contenu des prêches, réévaluer à tout moment son adhésion à la doctrine métaphysique ou aux injonctions conjoncturelles, présenter des objections raisonnées et étayées par une méditation personnelle, c'est compliqué. C'est fatigant. C'est intimidant. Surtout, c'est inquiétant. Questionner la vérité qui doit nous sauver revient à redouter que nous ne soyons pas sauvés quand Armageddon arrivera. Avaler la *doxa* jéhoviste sans broncher, c'est se convaincre que, en se soumettant aux décrets et écrits de l'Organisation, notre petite vie terrestre ne sera qu'un passage voué à être transformé lors de la grande tribulation. Bien que j'aspire à la liberté, parfois, j'aimerais retrouver les ornières apaisantes de la foi sans question, de l'obéissance sans renâclement, et de la confiance sans sentiment de malaise...

*

Je ne vis pas 24/7 avec ces questionnements et ces révoltes. Le déménagement, le travail, mon projet de disque et la vie de famille m'occupent assez pour que je sourdine mes récurrentes envies de mourir. Pour autant, mon bouillonnement intérieur éclabousse souvent mon esprit. Sous mon crâne, typhons, tempêtes et tsunamis se succèdent.

Alors, pour me débarrasser de ce *drama* spirituel, j'essaye de courber l'échine et de me flageller mentalement à chaque fois que je remets en question le discours officiel. Les anciens ont senti mon malaise et s'inquiètent pour moi. D'après eux, je suis envoûtée par des objets sataniques qui fragilisent mon équilibre intérieur. À leur demande, je jette à l'eau la bague de fiançailles offerte par ma tante (elle a été exclue, ce qui vient d'elle vient donc du diable) ; je brûle à nouveau les vêtements d'occasion qui traînent dans mes placards, jusqu'à ceux que je viens d'acheter pour assister au cours de danse orientale. Comment être sûr que les sequins qui les embellissent n'ont pas été envoutés par celle qui m'a revendu ces tissus ?

62.
LA FIN DU SACRIFICE

En 2007, je me débats de plus en plus dans mes contradictions.

Au travail, je suis la bonne jéhoviste. J'entreprends ma nouvelle collègue. Au cours d'une discussion, elle m'envoie bouler quand j'aborde le fait qu'on nous traite de secte, et que les Témoins sont persécutés dans certains pays totalitaires. Sans agressivité mais avec fermeté, elle balaye mes affirmations et mes invitations en me demandant d'arrêter mon discours de victime persécutée.

Selon elle, je suis l'exemple vivant des malheureux qui, depuis leur enfance, sont embrigadés dans une secte, rabâchent toujours les mêmes billevesées et, à force, ne se rendent pas compte qu'ils sont des esclaves lobotomisés, « même quand ils sont intelligents et sympa », ajoute-t-elle comme pour adoucir sa cinglante répartie. Je tique. Est-ce moi qui rabâche en boucle parce que je fais partie d'une secte ou ma collègue qui répète benoîtement ce que les médias lui imposent de penser ?

Une certitude : elle se trompe. Je ne suis pas une esclave lobotomisée. La preuve ? Je réfléchis. Et elle alors ? Soumise au monde dirigé par Satan ! Je doute. Évidemment, je n'en parle pas aux gens du monde. Toutefois, en mon for intérieur, ça secoue toujours. Ça tangue sérieusement. Il m'arrive souvent de ne pas être d'accord avec l'Organisation. De ne pas comprendre certaines affirmations soi-disant irréfragables. De pressentir que la vérité est peut-être aussi ailleurs.

Pour autant, je suis toujours persuadée qu'un seul Dieu existe. C'est ce que l'on m'a appris. Il ne peut y avoir qu'une seule religion – celle du peuple de Jéhovah !

*

Néanmoins, un jour, en visitant le musée du Louvre, je tombe sur un extrait du code de Hammourabi, un texte écrit par un roi perse qui, en tant que monarque et sage, souhaite rédiger un code civil pour tous ses citoyens. Or, il est antérieur au récit biblique contenu dans le livre du Lévitique du Pentateuque (partie de la Bible). À quelques détails près, l'original est conforme de ce qui est devenu « la loi mosaïque », c'est-à-dire les commandements officiellement reçus par Moïse en direct depuis Dieu. D'après la Société, « rien ne nous autorise à penser que le texte hébreu est directement issu du texte babylonien. Même là où les deux codes de loi diffèrent peu quant à la lettre, ils diffèrent beaucoup quant à l'esprit. »[1]

Aux yeux du monde, j'ai conscience qu'une telle posture relève du pinaillage. Pas pour une croyante qui se demande si la morale et la sagesse de sa religion n'existeraient pas indépendamment de la foi. En d'autres termes, je me demande si Dieu est nécessaire à la morale ou si la religion n'a pas préempté la sagesse des hommes pour l'habiller avec des oripeaux sacrés. Bref, je découvre que la Bible n'est pas le premier recueil rassemblant des modes d'emploi de l'homme pour être au monde.

Afin de m'auto-convertir, je décide donc de prouver le contraire de ce que le doute me pousse à croire – c'est le retour de mon « pilotage automatique ».

---

1. https://wol.jw.org/fr/wol/d/r30/lp-f/101981049

*

Le pilotage automatique est ce réflexe qui, pour me protéger de mon effroi devant l'idée que la vérité n'est peut-être pas entièrement détenue par la Société, voire est contraire à ce que l'on m'enseigne depuis mon plus jeune âge, me pousse à penser que mes doutes viennent du diable. Je remets en cause les enseignements de la Société parce que je ne consens pas assez d'efforts pour lutter contre Satan. Chaque pensée négative qui m'assaille est le fruit du monde, mon pire ennemi, le plus acharné et le plus séducteur. Par conséquent, elle doit m'inciter à prendre position avec plus de force, à me tenir résolument du côté de Jéhovah, à repousser cet assaut démoniaque par plus de dévotion.

À cette fin, je décide d'écrire un livre qui va prouver la véracité scientifique et l'exactitude objective de la Bible. Je veux notamment m'appuyer sur l'épisode de la destruction de Jérusalem, de la captivité des juifs à Babylone, et sur d'autres faits historiques démontrant que la Bible ne peut pas être inspirée par des hommes puisqu'elle est l'œuvre d'une pensée unique, globale, visant à pousser les humains à se repentir et à comprendre pourquoi, depuis le commencement, leur vie n'est pas *a bed of roses*.

Patatras ! Au bout de trois mois, mes recherches me conduisent dans un cul-de-sac. Après avoir recoupé les écrits de la Société, les textes d'Hérodote, de Flavius Joseph, d'autres archéologues ou d'historiens, je constate que tout n'est pas aussi net et précis que ce qu'assurent nos publications. Il y a même de sacrées lacunes ! Je trouve une nouvelle faille dans le système. Je relève des incohérences, des erreurs, des biais sur d'autres livres. Petit à petit, presque insidieusement, en tout cas malgré moi, ces détails essentiels confortent mon malaise au lieu de le dissiper.

Encore une fois, cela n'a rien d'une controverse vétilleuse pour historiens amateurs ou professionnels. Ces éléments sont au cœur de l'enseignement religieux que professe l'Organisation. Découvrir leur instabilité est donc un choc et une révélation. Un autre choc ne va pas tarder à me saisir...

*

Ce choc vient de Michel de Decker, l'historien avec qui je suis en lien pour mon projet musical autour de Victor Hugo. Il a apprécié les maquettes que je lui ai envoyées. Il aime l'ambition artistique ; il adooore ma voix ; il serait très enclin à faire écouter le projet sur France Bleue, où il intervient régulièrement, afin de m'aider quand la chose sera aboutie... mais il y a un mais. Selon lui, les arrangements ne sont pas au niveau du reste. Même si c'est le cas, je ne peux pas lui dire que je suis complètement d'accord avec lui, puisque ces arrangements ont été bricolés par « mon musicien ».

Je me retrouve devant un dilemme. Par le passé, j'ai sacrifié mes rêves artistiques afin de préserver notre couple. Il y a eu cette fois où il était hors de question que je devienne chanteuse si cela devait m'amener à rater une réunion de la congrégation. Il y a aussi eu cette fois où un studio avait passé un appel à candidatures. J'avais été retenue. Pas « mon musicien ». Soucieuse d'éviter les combats d'*ego*, j'avais laissé tomber.

Pourtant, cette fois, je commence à comprendre que j'ai tourné trop de pages avant de les remplir. Quelque chose doit changer. Quelque chose *va* changer.

63.
La crise de la quarantaine

Quelque chose change, en effet.

C'était écrit, je tombe intellectuellement amoureuse de celui que je considère comme mon mentor. Michel pourrait être mon père. Je lui livre toutes sortes de confidences. Je lui parle de ma situation, de ma religion. Il est historien et comprend donc un peu mon désarroi face aux imprécisions, aux erreurs et aux mensonges dans les dates que je viens de découvrir. J'ai encore du mal à tirer les conclusions qui s'imposent, mais je sens que, au sens étymologique, je délire, c'est-à-dire que je sors du sillon.

Lui est un peu étonné par ma personnalité de femme-enfant, mes paradoxes et mon histoire. Il se moque gentiment de moi quand je lui avoue que je continue d'accompagner ma famille aux réunions afin de ne pas perturber les enfants. Il connaît chacun d'entre eux, car il s'intéresse à tout ce qui me concerne. Il sait même que mon fils va en prédication avec son père. C'est l'écrivain et l'homme de cœur qui interroge. Il veut comprendre. Il me raconte des anecdotes qu'il a vécues quand des « Mamie Nova » ou des « témoins de la Java », selon ses expressions, l'ont abordé. Il me fait rire, ce qui rend mon mari très jaloux ; et c'est reparti pour un tour de suspicions, questions, espionnage de mes mails…

Michel de Decker me propose alors de composer le générique du film qu'il prépare sur l'exil de Victor Hugo, en incluant « mon musicien » dans le projet, histoire de le calmer un peu. Il me parle aussi de Grace de Capitani, avec qui il est en contact. Il voudrait lui confier le rôle de Juliette Drouet. Il m'invite à Paris où « tout se passe », m'explique-t-il. Mes yeux se dessillent. Ma vie tremble et se colore à la fois.

*

Ma fille va avoir dix ans. Je lui ai permis d'assister à des anniversaires de copines d'école, en cachette de son père. Fêter le sien ne sera pas une mince affaire, mais je suis décidée.

Ça n'est qu'un coin de plus enfoncé dans ma posture de Témoin *borderline*. Je feins de moins en moins. Je ne vais plus aux réunions, et j'ai commencé d'admettre publiquement que je doute d'être dans La Vérité.

Mon mari ne sait plus comment me toucher ni m'atteindre. Je suis comme le sable qui lui glisse entre les mains. Depuis quelque temps, nous faisons chambre à part. Ça le rend fou.

Il tente de me culpabiliser, me parle du mauvais exemple que je donne aux enfants, m'accuse de vouloir tuer ma fille spirituellement car, comme sa mère, la demoiselle ne veut plus aller non plus aux réunions. Tout s'accélère.

Les disputes.

Les conflits.

Les différences de point de vue.

Plus nos relations se détériorent, plus je me braque. Je revendique le droit de dire « non ». Je m'autorise à m'opposer. Paroxysme de ma supposée folie ou marque d'indépendance démoniaque, je finis par privatiser l'arrière-salle d'un *fast-food* afin d'y donner une belle fête d'anniversaire. J'ai conscience que je ne cherche pas seulement à contenter ma fille. Grâce à elle, je revendique ma liberté et j'en profite pour venger la petite fille que j'ai été et qui n'a jamais pu fêter le sien.

*

Le grand jour s'annonce léger et pétillant. Le personnel s'occupe de tout, des déguisements pour les enfants, du gâteau avec les dix bougies et de l'ambiance. Néanmoins, je reste sur mes gardes, car mon mari ne m'en parle plus. Je trouve suspect qu'il ait renoncé à gâcher la fête aussi facilement.

Une heure avant l'événement, j'appelle l'établissement pour être sûre que tout est prêt.

– Nous vous attendons comme prévu, madame, me rassure l'employé que j'ai au bout du fil. En revanche...

Un silence embarrassé suspend la phrase de mon interlocuteur. Je le relance :

– Oui ?

Le silence se prolonge. Je m'inquiète :

– Wouh-ouh, vous êtes toujours en ligne ?

– Oui, reprend-il, c'est juste que le papa de votre fille a téléphoné ce matin pour dire qu'il ne fallait pas lui chanter « Joyeux anniversaire ».

J'éclate de rire et je réponds :

– Ne vous inquiétez pas de ça. J'en fais mon affaire. C'est moi qui paye, et nous chanterons bien « Joyeux anniversaire », et plutôt deux fois qu'une !

*

J'ai gagné ma première bataille face à l'Organisation et à ses principes. Mon mari me dit que ce que j'ai fait est passible d'exclusion. Je lui rétorque que je m'en fous. Après cela, j'ai la paix.

J'apprends que, à la salle, quand on lui pose des questions sur mes absences répétées, il répond que je fais ma crise de la quarantaine. Il a toujours été dans le déni. Ça aussi, je m'en fous. Moi, j'avance.

Enfin.

64.
L'ABSENCE DE DANGER

À l'invitation de Michel, je me rends de plus en plus souvent à la capitale. Grace de Capitani me reçoit régulièrement chez elle, dans son appartement de la très chic rue Copernic.

Je veux couper les ponts avec la provinciale corsetée que j'ai été. Par bouffées, m'enivrer de liberté. En finir avec la pesanteur. Vivre.

*

Mon mariage bat sérieusement de l'aile. Mon mari comprend enfin que j'ai besoin de liberté, de rencontrer d'autres personnes, de m'émanciper. Je comprends aussi que le monde que je suis en train de côtoyer ne voudrait pas de lui, et vice-versa. J'ai franchi le Rubicon et brisé les tabous.

Notre couple explose, se raccommode un tantinet, se prépare bon gré malgré à la déchirure inéluctable. J'ai tellement de choses à apprendre, à filtrer, à détruire, à reconstruire, à remettre dans l'ordre.

Mon premier roman est édité à compte d'auteur. Grace me fait entrer avec elle dans un salon du livre près de Versailles. Une autre fois, elle m'invite à l'accompagner à la maison du Canada pour une remise de prix. Je rencontre Luc Plamandon, Jasmine Roy et d'autres célébrités, dont Lorie, très sympathique.

La vie mondaine ne me fait pas tourner la tête. Contrairement à ce que s'imagine mon mari, je ne suis pas aveuglée par les paillettes.

Je vois très vite que je suis à des années-lumière de ces gens que je n'envie pas mais que j'observe. En échange, eux me considèrent comme un être exotique, spontané et malhabile, entier et naïf, déterminé et, je l'espère, touchant.

*

Je fête mon premier Noël chez Grace. L'impression de pécher m'effleure mais ne me pèse pas autant que je l'aurais craint. Ce n'est pas moi qui ai acheté le sapin, je ne l'ai pas décoré, j'assiste juste à un repas en famille avec des échanges de cadeaux, je suis donc presque sauve.

On négocie comme on peut avec les préceptes qui vous ont construit !

Je vis la soirée à fond les ballons. Je me déchaîne en lançant plusieurs fois dans la soirée, de blasphématoires « Joyeux Noël », une coupe de champagne à la main. Je trinque avec les gens du monde. Je me libère des interdits nous intimant de fuir les pratiques de païens. Je n'en peux plus de ces règles qui nous empêchent de klaxonner lors des mariages, parce que c'est païen, et autorisent les alliances alors qu'elles sont d'origine païenne itou. Je n'en peux plus de ces tombereaux de règles aussi comminatoires et contradictoires. Je veux vivre et qu'on me foute la paix.

*

Mon scénario du film sur Victor Hugo est terminé, et je commence à le diffuser. Lors d'une soirée chez Grace, qui aime inviter des amis artistes, je rencontre un homme d'affaires, pianiste de talent, qui m'offre de me mettre en lien avec « des gens qui comptent ». En échange de son aide, il me propose de composer lui-même la musique du film.

Malgré ces introductions, chaque rencontre avec un professionnel se solde par un « échec ». De rencontres en rencontres, je comprends que le film ne se fera pas. Trop coûteux. À croire que l'exil de Victor Hugo n'intéresse plus personne...

*

Mon mari me harcèle. Je quitte la maison pour me réfugier dans un appartement prêté par des amis. Il trouve le moyen de s'infiltrer dans mon refuge. Je suis au bord de la crise de nerfs.

Un jour, dans la maison que nous partageons encore, nous nous disputons violemment en prenant soin de nous expliquer à la cave. Il s'agit de ne pas alerter les enfants.

Pour la énième fois, « mon musicien » essaye de me remettre sur le droit chemin – le sien autant que celui de Jéhovah – avec son vieux discours usé cousu de fil blanc et usé jusqu'à la trame. Ce que je suis, moi, ce que je vis, ce que je souffre, il le considère comme une faiblesse liée à ma foi. Il me regarde effaré et me répète que je suis le Diable. Alors, je craque. Je hurle. Je pleure. Je renverse des objets. Je vocifère. Et, dans un éclair, je me souviens d'une amie Témoin partie faire des études à Strasbourg, et qu'on avait retrouvée morte, l'estomac rempli de pilules et d'alcool. Moi, depuis quelques années, je chante à tue-tête les chansons qui crient mon mal-être, celle où Lara Fabian chante « Tout, tout, tout est fini entre nous », sur une musique de Rick Allison, et celle des adieux d'un *sex-symbol*, dans *Starmania* :

J'ai passé ma vie
À ne rien faire que ce qu'on m'a dit.

J'ai passé ma vie
À étouffer mes rêves mes envies. (…)
Vous qui m'avez volé ma vie,
Venez vous arracher ma mort !

Je remonte les escaliers, file à la salle de bains, rafle les cachets que mon mari a perçus pour limiter le trac lors de ses examens et avale tout ce que je peux. Je ne sais pas ce que c'est, sinon qu'ils ralentissent les battements de cœur. Je les avale tout rond, et je quitte la maison avec l'intention de boire les bouteilles d'alcool que j'ai vues dans les placards de l'appartement qu'on me prête. Je prends mes clefs et me rue vers la voiture. Pas une seconde à perdre. J'en ai marre que mon mari fasse l'autruche. J'en ai ma claque de ces gens, de ce monde, de ce mode de vie qui m'emprisonne. Je ne supporte plus le monde, je ne me supporte plus non plus.

J'entre dans la voiture, mets les clefs sur le contact… mais ma fille m'a entendue. Elle ouvre la fenêtre de l'étage et crie à son tour :

– Attends, mamaaaaaaan ! Pars pas sans moi, je t'en supplie !

Je lève les yeux. J'ai peur qu'elle ne passe par la rambarde. Profitant de mon hésitation, mon mari se rue sur la voiture et enlève les clés du tableau de bord.

Aujourd'hui, bien que je l'aie aimé éperdument, je peux lui en vouloir pour plein de raisons. N'empêche, ce soir-là, je dois le reconnaître : en m'empêchant de partir et en appelant les secours dans la foulée, il a aidé ma fille à me sauver la vie.

*

J'ai le temps de prononcer quelques borborygmes, de voir ma fille qui débaroule, puis je tombe dans le coma. Quand je reprends

64. L'absence de danger

conscience, de beaux inconnus, cintrés dans leurs uniformes, m'administrent des claques en m'intimant de me réveiller puis de ne pas me rendormir. J'ai le temps de leur dire ce que j'ai pris, puis je repars explorer la nuit de mon coma.

Le lendemain, je me réveille à l'hôpital. Le psychologue qui m'examine considère que je ne suis pas en danger de récidive immédiat. Je rentre à la maison. Chez moi. Chez nous. Je ne sais plus comment nommer cet endroit.

Je l'ai échappé belle. Je demande pardon à ma fille pour ce qu'elle a subi à cause de moi. Ce ne sera pas suffisant pour effacer sa frayeur et son traumatisme. Depuis ce jour, elle ne veut plus me quitter. Je décide de rester près d'elle tant qu'elle est à l'école. Je lui dois bien ça.

65.
LA DANSE DU VENTRE

Les anciens veulent me voir pour savoir ce que je décide. Je fais la sourde oreille parce que... eh bien parce qu'ils ne sont pas ma priorité, et aussi parce que je ne sais pas trop les suites que je dois donner à mon histoire.

Mon mari continue de prêcher le faux pour savoir le vrai. Il m'affirme qu'il sait des choses sur moi, que ça le met hors de lui, que j'aurais meilleur compte de tout lui avouer. Le cauchemar recommence. Je le sais capable du pire. Je vis la boule au ventre. Incapable de supporter un tel, je repars du domicile conjugal en promettant à ma fille de ne plus jamais essayer de mourir.

Mes collègues m'aident. Je loge quelques nuits chez l'une, quelques nuits chez l'autre. Je vais voir une avocate pour entamer une procédure de divorce. Alors même qu'il est évident qu'il n'y a pas d'autre solution, le simple fait de parler « divorce » me traumatise. Je pleure toutes les larmes de mon corps. L'auxiliaire de justice ne s'en émeut pas. Elle est habituée.

– Ne vous excusez pas, me dit-elle en me tendant un mouchoir, c'est normal. Ça se passe toujours comme ça.

*

Moi-même, sur le moment, je suis plusieurs. Je suis une petite fille perdue, la petite fille qui n'a rien oublié du divorce de ses parents, des remords de sa mère, et du sempiternel ressassement des regrets. Et je suis aussi la femme usée, blessée, usée, trahie par les mensonges dans lesquels elle a baigné, les renoncements qu'elle a dû accepter et l'impression passagère qu'illusoire sera sa lutte pour exister en tant que femme et artiste.

Je ne pleure pas comme les autres. Je pleure comme une personne. Personne ne pleure de la même façon.

Je ressors du cabinet sans avoir pris de décision. J'ai le sentiment de devoir résoudre plusieurs histoires, la mienne et celle de mes parents, de les porter dans mon cœur, de les abriter dans la moindre de mes cellules. J'ai peur. Que vais-je devenir ? Je n'ai presque qu'un bac en poche et j'ai quarante-deux ans ! Je suis terrorisée, mais je ne cède pas à la panique. Tous les jours, je me rends à mon travail, fidèle au poste et droite dans la tempête, en attendant l'accalmie puis le port où je pourrais accoster pour prendre un peu de repos.

*

Du lundi au vendredi, entre midi et deux, mon mari m'attend sous la pluie. Il reste posté devant la fenêtre avec un parapluie. J'ai l'impression d'être une criminelle qui abandonne un enfant. J'ai encore envie de mourir, mais c'est un sentiment qui ne prendra plus jamais le dessus, je l'ai promis à ma fille.

Pour calmer le jeu (et peut-être, soyons honnête, pour arrêter de jongler avec les hébergements provisoires), je rentre à la maison. Mon mari est trop heureux de mon retour.

Peu après, un collègue que je ne laisse pas insensible me propose de m'aider. Conscient de mes convictions, il contre ce que j'avance avec des arguments solides, factuels. Il m'avance d'autres chiffres, d'autres visions. Il détricote les comparaisons jéhovistes que je lui sers. Je continue à résister. Ce que l'on m'a appris ne peut être faux sur toute la ligne. De plus, que dirait ma famille si je laissais tomber mon mari et Jéhovah ? Non, non, je ne peux pas les trahir. Et si ce que l'on m'a appris était exact, mais que ce que je vivais n'était rien de plus qu'une épreuve ? Le combat est rude. Je suis lessivée.

De son côté, mon mari joue gros. Je suis revenue mais je ne suis pas repentante. Il parvient à rester calme. Il me bichonne, multiplie les petites attentions, m'invite au restaurant et m'offre des cadeaux. Sa danse du ventre est à la fois émouvante et grotesque. Je sens – et je suis sûre qu'il le sent aussi – que c'est trop tard. À peine revenue, j'ai envie de repartir. Je ne supporte plus nos conversations. Ce que je mange avec lui n'a pas de saveur. Quelque chose s'est cassé et demeurera irréparable. Comme le chantait Anne Sylvestre dans « Aveu »,

> Sait-on, sait-on jamais ce qu'on trouve ?
> Tu aimais la colombe, et je suis cette louve.
> Sait-on, sait on jamais ce qu'on aime ?
> Tous les mots que je te dis me semblent des blasphèmes...

Je comprends que j'ai commis une erreur en rentrant. Cette accalmie n'est qu'un faux-semblant. Mais comment repartir ? Il suffit d'attendre la prochaine dispute...

66.
L'EXCLUSION

Ce qui doit se produire se produit.

Me voilà chez mon collègue avec ma fille. Je ne me souviens plus dans quelles conditions j'ai atterri chez lui, mais je me rappelle qu'il nous a ouvert grand sa porte et son cœur. Nous nous installons. Après le travail, le soir, il continue de me parler pour me convaincre que j'ai fait le bon choix. Pour lui, je suis une femme sous emprise, la tête farcie de sujétions qui l'ont asservie. Je n'aime pas cette vision méprisante de ce que je suis.

Avec « mon musicien », nous nous déchirons. Il se lamente de mon absence, me pense possédée par Satan, me supplie de revenir à Jéhovah. Nous brûlons chacun d'un amour cassé. Je me sens terriblement coupable de lui faire endurer ça. C'est le père de mes enfants, l'ami de ma jeunesse, le complice de tant de souffrances, de joies, de combats menés, de tant de loupés, de ratés et de vrais soleils, de tant d'actes manqués et de quelques-uns de réussis tout de même !

À mon tour, j'ai peur qu'il se suicide. Je voudrais être capable de porter sa peine sans abandonner la mienne. Je vis dans une peur permanente du monde, de mes décisions, de mes doutes, de mes certitudes, de ce qui me pousse à agir ainsi. Je vacille.

*

Pendant les vacances, nous partons avec mon collègue et ma fille à Aix-les-Bains où mon nouveau compagnon doit suivre une cure. Je profite de cet éloignement géographique pour m'occuper de ma petite chérie. Je me promène sur les rives du lac en sa compagnie. Je voudrais qu'elle respire et oublie un temps mes soucis et mes luttes de grande personne. À mesure que le temps passe, je me rends compte que je ne suis pas à ma place avec cet homme. Il s'imagine qu'il peut

- me dicter ce que je dois penser,
- décider comment il faut élever ma fille qu'il juge trop fusionnelle avec moi et, plus généralement,
- prendre le contrôle de nos vies – pas par méchanceté, plutôt parce que lui est un homme et que, moi, je suis une pauvre femme fragile et un peu perdue qui a besoin de se reconstruire.

Le pauvre s'est planté sur mon compte. J'ai passé trop de temps sous le boisseau de l'Organisation pour substituer un étouffoir à un autre étouffoir. Je veux contrôler seule ma vie. Je ne supporte plus que d'autres interfèrent.

*

Le calme après la tempête dure quelques mois. Les anciens m'ont fixé un nouveau rendez-vous pour un entretien. Si je ne m'y rends pas, menacent-ils, je serai exclue. Je ne m'y rends pas. L'idée même de reparaître devant des hommes pour leur raconter ma vie me donne la nausée.

La réponse à mon absence arrive sur la messagerie de mon téléphone : je suis exclue. C'est une mise à mort et une nouvelle vie. En un mot, une renaissance terrible où je suis la mère et l'enfant.

67.
L'ADIEU À LA VIE ÉTERNELLE

Au retour des vacances, un point s'impose. Je remercie mon logeur mais préfère rentrer à la maison. Pour ne pas laisser cet échec me miner, je décide de reprendre mes études. Je monte un dossier de Validation des Acquis de l'Expérience. Je suis acceptée en troisième année de licence d'Histoire de l'art et d'archéologie. Pour moi, c'est un pas de géant.

La cohabitation à la maison est compliquée. Certes, mon mari a cédé sur la religion mais, s'il a perdu une bataille, il espère toujours gagner la guerre.

Je reprends mes études. Je ne vais plus aux réunions. Je dors avec ma fille. Je commence à écrire des nouvelles sur la vie d'une femme qui observe la société autour d'elle. Cette femme a peur, elle prend des risques en quittant son travail pour reprendre sa vie en main. Elle croise sans arrêt sur sa route des SDF et se demande comment elle va finir si elle ne réussit pas à obtenir sa licence. Elle se demande surtout pourquoi il y a de plus en plus de mendiants ou de gens perdus dans les rues.

J'écris ce que je ressens, car je suis envahie par de nombreuses émotions. Je suis sortie de mon carcan, mais en suis-je vraiment libérée ? La chrysalide deviendra-t-elle papillon juste parce qu'elle a fendillé le cocon qui la protégeait et l'enserrait ? Combien d'exclus sont revenus dans l'Organisation tant la vie dans le monde est difficile et angoissante ?

*

Mes anciens amis Témoins ne m'adressent plus la parole. J'étais très liée à certaines des sœurs que je connaissais depuis tant d'années. Mais, à leurs yeux, que nous reste-t-il en commun ? Je suis passée du côté obscur de la Force. Il n'est pas exagéré d'écrire que, pour elles, je suis devenue un séide de Satan.

Mes parents aussi acceptent de couper les ponts avec moi. Cependant, tant que je ne quitte pas définitivement la maison, l'espoir que je revienne dans l'Organisation reste vif chez mes anciens coreligionnaires, mon mari en premier.

Mon fils prêche de plus en plus. Je suis soulagée quand il part à Paris pour ses études dans une école d'ingénieur audiovisuel et informatique. Alors qu'il commence sa vie d'étudiant à Marne-la-Vallée, je commence, moi, à prendre la mesure de ma vie d'exclue.

*

Dorénavant, je suis occupée par les cours, les TD, les révisions, les examens et, ouf, mes allées et venues à Paris. Je ne suis plus la même femme. N'étant plus témoin de Jéhovah, je ne me sens plus soumise. Je sors quelque fois avec des camarades de fac beaucoup plus jeunes que moi. Mon mari pense que je le trompe et multiplie les crises de jalousie.

Un soir, après le dîner, notre conversation tourne au vinaigre. Devant ma fille, il me plaque contre le mur et me prend à la gorge. Ma petite se met à hurler pour s'interposer et lui porte des coups. Il se rend compte qu'il va trop loin, me lâche et part se réfugier dans sa chambre en claquant la porte. Je prends la main de ma petite et je file dans la voiture, persuadée qu'il va nous poursuivre. Je roule

67. L'adieu à la vie éternelle

dans la nuit, roule encore, roule sans cesse, et je réfléchis. Où puis-je aller à une heure pareille ?

J'opte pour l'hôpital. Je veux que ma petite princesse soit prise en charge par des psychiatres qui pourront la rassurer. Il est hors de question qu'elle reste seule avec moi et que s'imprime dans sa tête l'image d'un père sur le point de commettre l'irréparable.

Nous passons la nuit aux urgences.

*

Je dois protéger ma fille et me protéger aussi. Je décide de retourner chez l'avocate. Quand mon époux reçoit les papiers du divorce, il me les lance à la figure. Je prends conscience que j'ai vraiment enclenché la fin de notre histoire. Je devine les conséquences de cette décision sans les mesurer pleinement, mais je ne reviendrai pas en arrière. Quand ma fille l'apprend, elle est soulagée. Mon fils, lui, réagit en deux temps. D'abord, il pleure. Puis il m'annonce sa décision de se faire baptiser.

Que puis-je dire ? Je lui ai appris à aimer Jéhovah, à reconnaître les pièges de ce monde et du diable, cet ennemi de Dieu capable de se transformer en ange de lumière pour égarer la terre habitée tout entière. Son choix est à la fois une victoire pour la croyante que j'ai été, et une déchirure pour la femme que je suis devenue.

*

Je cherche un nouvel appartement. Mon mari ne tente plus guère de me retenir. On a dû lui conseiller de me laisser partir. En tant qu'exclue, je ne peux que lui nuire sur le plan spirituel. Je suis un danger pour sa foi.

Bientôt, à proximité de la gare et du centre-ville, je déniche un trois-pièces pour ma fille et moi. Je quitte mon espace, ma maison, mon nid. Je laisse un maximum de meubles à celui que j'ai le sentiment d'abandonner et de trahir. Ce remord ne suffit pas à me retenir, mais il me tord les boyaux.

Quand je descends l'escalier pour la dernière fois, j'éclate en sanglots. Je quitte un quart de siècle de ma vie. Dorénavant, je suis sans filet, à découvert, pleinement dans ce monde que j'ai passé tant de temps à haïr, à fuir, à éviter. Je n'ai rien en commun avec les femmes fortes des films, qui laissent un passé douloureux derrière elles sans se retourner. Derrière ma volonté, une tristesse abyssale bat, pulse, menace d'éclater. Contradictions et paradoxes me torturent. J'ai à la fois la conviction d'avoir agi comme il fallait, et l'impression d'avoir accepté une perte immense. Le courage me manque, d'autant que je sais que, quand je mourrai, je n'aurai pas la vie éternelle pour laquelle je me suis tant battue. Tout ça pour ça...

*

Le 10 août 2010, j'emménage dans mon trois-pièces. « Mon musicien » a accepté de me donner un coup de main. Autour de nous trônent les meubles de ma grand-mère. La table en olivier a pris sa place dans la cuisine ; le buffet se tient sagement dans le salon. J'achèterai plus tard un canapé. Le lit est dans la petite chambre ; je laisse la plus grande chambre à ma fille afin qu'elle puisse faire ses devoirs tranquillement.

Le papier peint au mur est jaune et abîmé à certains endroits. Les fenêtres sont nues ; sans appliques, les ampoules pendent du plafond ; et le hideux parquet flottant n'a pas dû coûter bien cher au propriétaire. Murs, sol, plafond, tout est à refaire. Ma chambre est si petite que la commode et le lit prennent toute la place. Adieu, grande maison neuve, beau carrelage, pièces spacieuses, terrasse, jardin, vue sur le Jura ! La liberté a un prix, et il est amer.

Cependant, l'appartement est clair et lumineux. J'ai vue sur la Citadelle avec, en point de mire, l'horloge de la gare qui me fait penser à une tour de garde...

LE BOURBIER DE LA TRUIE

Ma vie d'après a un drôle de goût. Je suis fière d'être acceptée en master, pas de vivre du RSA. Je refuse néanmoins de me laisser obnubiler par l'argent. Nous allons mettre en vente notre maison et nous partager ce qu'il en sortira. Malgré les pressions de mon avocate, je n'exige qu'une minuscule pension alimentaire pour ma fille. Je sais que mon bientôt ex-mari gagne six fois plus que moi, mais je sais aussi à quel point il est près de ses sous.

Moi, l'argent, je m'en fiche en tant que tel. Il m'intéresse dans la mesure où il est utile et indispensable, évidemment, pas pour lui-même, pas pour me donner l'impression d'être plus puissante ou plus maline que d'autres. L'argent sert à quelque chose ou il ne sert à rien. Et peut-être que, derrière cette raison philosophique, il y en a une autre, plus psychologique. Aussi bizarre que cela paraisse, je me sens coupable de cette séparation. La faute m'en incombe. Alors, en attendant ma part immobilière, tant pis, je contracterai un crédit. Je ne veux pas que les questions pécuniaires pourrissent ma vie ni celle des autres. Ce que je veux, c'est écrire.

Je continue donc de travailler à mon recueil de nouvelles, à découvrir en les forgeant les aventures de la femme angoissée à travers ses batailles et ses rencontres. Parallèlement, j'aimerais bien rencontrer d'autres Témoins qui, avant moi, ont été exclus. J'aimerais connaître leur histoire, leur ressenti, leur parcours, leur évolution. Apprendre comment ils se sont sortis de l'isolement social et du désarroi dans lequel on est quand on se retrouve dans le monde, loin de ceux qui, il n'y a pas si longtemps, constituaient tout pour soi.

*

Dans ma vie parisienne, je croise des visages, des figures. Des gens qui me suggèrent d'écrire un scénario plus ancré dans l'actualité. Des gens qui ne répondent pas à mes sollicitations ou qui repoussent mes propositions artistiques. Des gens qui m'invitent dans des endroits merveilleux et avec qui, parfois, je partage de délicieux instants de complicité. Des gens beaux et des médiocres qui ont réussi. Puis je rentre dans ma petite vie provinciale. Les lumières s'éteignent, l'eau remplace le champagne, et je me retrouve seule, même à l'université où mes voisines de banc ont vingt ans de moins que moi – un gouffre nous sépare. Je n'ai pas le temps de m'investir dans une association caritative qui, en retour, m'amènerait à nouer de nouvelles relations. Et ma solitude va plus loin.

En effet, mon fils s'est éloigné de moi. Il ne pouvait en être autrement. Déjà parce que ma décision l'a beaucoup perturbé. Et ensuite parce que, entier comme j'ai pu l'être à son âge, il applique à la lettre les consignes de l'Organisation. Là encore, c'est ma faute. Je lui ai appris l'obéissance aux commandements de Jéhovah en toute chose. Je lui ai mis dans le crâne que Satan passait son temps à semer sur nos routes des pièges dangereux quand ils n'étaient pas mortels. Aujourd'hui, il doit se dire que je suis devenue l'un de ces pièges.

Je crois savoir intimement ce qu'il éprouve. Je suis persuadée qu'il me reproche d'avoir foutu la pagaille dans sa vie, d'avoir quitté son père, d'avoir jeté notre famille en pâture aux commentaires, aux ragots, aux *lazzi* de la communauté ; et cette publicité doit être une plaie à vif pour lui qui est si discret de nature... Il peut nourrir à mon endroit tant de reproches que sa colère n'est pas près de se résorber.

Les gens bien intentionnés vont lui raconter ce qu'il s'est passé, selon eux. Comment j'en suis arrivée à rejeter son père. Pourquoi je l'ai abandonné. Avec quelle outrecuidance j'ai rejeté Jéhovah. On va lui parler de ma soif de réussite. On va lui décrire mon appétit pour les paillettes, le succès et la gloire. On va lui montrer où mène l'envie, à quoi nous expose le monde, quel danger nous courons quand nous pensons à notre petite personne au lieu de placer Jéhovah à la première et unique place. Comme celui d'ève, la première femme, mon vaisseau est passé sous pavillon diabolique.

Je ne peux pas empêcher qu'il croie à cette réécriture de la vérité. D'abord parce que nos liens sont coupés. Ensuite parce que mon fils sera exposé si souvent à la version officielle, dans lequel j'ai le rôle d'une arriviste démoniaque, que mes explications ne seraient seulement pas audibles. Et enfin parce que, même si je parvenais à résumer ma vie, expliquer mon départ, justifier mon exclusion, il ne serait pas en mesure de me comprendre, je le crains. La vie n'a pas encore fait son œuvre en lui.

Pour le moment, la seule chose qu'il comprend, c'est qu'il lui faut rester à l'écart de moi. Si je suis une femme qui mérite d'être sauvée, je reviendrai avant qu'il ne soit trop tard. Sa seule chance de m'arracher aux griffes du Lion rugissant qui m'a dévorée consiste, par amour pour moi, à couper les ponts qui nous rapprochaient. Telle est la règle du Dieu d'amour de la Bible – ou, plutôt, sa transcription par la Watchtower.

*

Lors des repas de famille, je suis deux fois seule. Une première fois seule parce que je ne peux assister à ces fêtes ; et une seconde fois seule car mon ex-mari et ma fille, eux, y sont conviés. Je dois rester à distance pour ne pas les contaminer et les entraîner dans ma faute. La Bible insiste sur ce point, et l'Organisation se réjouit de la « vigueur » du propos :

> Si, après avoir échappé aux souillures du monde par une connaissance exacte du Seigneur et Sauveur Jésus Christ, ils se trouvent de nouveau entraînés dans ces choses et sont vaincus, la condition finale est devenue pire pour eux que la première. Il leur est arrivé ce que dit le proverbe véridique: « Le chien est retourné à son propre vomissement, et la truie qui a été lavée est retournée se vautrer dans le bourbier. » (2P 2:20, 22)[1]

Je souffre d'être isolée. Je souffre d'être considérée comme un chien se gobergeant de vomissements ou une truie se tartinant de bourbe. Je souffre d'autant plus que je trouve imbécile cette règle de la séparation stricte. Je ne suis pas interdite de réunions familiales parce que mes proches me haïssent mais parce qu'ils obéissent à des préceptes rigoristes tirés de livres millénaires et sciemment non remis dans leur contexte. Quel cauchemar !

Le temps finira-t-il par cautériser mes blessures ?

---

1. https://wol.jw.org/fr/wol/d/r30/lp-f/1988444#h=20

69.
L'ÉCROULEMENT DU CHÂTEAU DE CARTES

En 2012, j'obtiens mon master. Frétillante d'être titulaire d'un bac+5, heureuse que la vente de la maison me mette provisoirement à l'abri du besoin, je décide de fêter cela en partant quelques jours en Thaïlande avec ma fille.

Côté créatif aussi, les choses semblent progresser. Une connaissance m'apprend que mon scénario a failli être accepté, et est à présent en lecture ailleurs. Au retour de vacances, je commence à chercher du travail sans lâcher l'écriture.

*

En réalité, je me bats.

Car ce n'est pas parce que l'on quitte l'Organisation que l'on s'en libère. Elle est là,

- dans le vivant regret que constitue l'absence des proches et des amis que vous avez perdus,
- dans la violence des temps libres que l'abandon des activités religieuses vous offre ou vous laisse, selon les moments, et
- dans l'intensité des réflexes que vous conservez à vie.

Ainsi, à chaque soubresaut de l'actualité, à chaque menace géopolitique, à chaque catastrophe survenue sur un point du globe, je me souviens de prophéties qui transforment inquiétudes et tragédies en signes avant-coureurs de la grande tribulation. Je passe des heures à lire ce qu'en pense la Société. Heureusement, grâce à Internet, je découvre aussi des témoignages terribles d'autres exclus. Dans mon malheur, j'ai de la chance : poussés par la pression de l'Organisation et de ses membres, certains proches sont autrement plus secoués que l'ont été les miens !

*

Aucune consolation n'adoucit la brûlure des absents. J'ai conscience que le temps que nous perdons, loin les uns des autres, ne se rattrapera pas.

Hélas, la Watchtower, consciente de la tentation du pardon, attise le feu en faisant planer la menace de l'exclusion sur ceux qui continueraient à être en contact avec les exclus. Pas par méchanceté ou sadisme, stipule-t-elle : parce que la souffrance de ne pas voir les siens peut inciter la personne ostracisée à revenir vers Jéhovah. On est entre le chantage affectif et la culpabilisation.

De fait, les Témoins portent une responsabilité après l'exclusion d'un des leurs. S'ils persistent à le fréquenter, fût-ce occasionnellement, pourquoi l'exclu s'amenderait-il pour aspirer à une nouvelle inclusion ? La brimade, la tristesse donc la privation d'amour des siens, seraient une manière de ramener l'individu puni vers la Vérité... c'est-à-dire vers l'Organisation. En usant de cette stratégie, la Watchtower se contente d'appliquer les *desiderata* de l'exclu qui, pour ne plus être Témoin a « adopté une conduite qui la sépare de la communauté des frères »[1]. Ce n'est pas la Société qui coupe les liens, c'est l'exclu qui, en reniant sa foi par sa conduite impure, les a coupés lui-même.

---

1. https://www.jw.org/fr/temoins-de-jehovah/faq/se-retirer/

Chez les plus fervents fidèles, ces justifications ferment la porte aux compromis puisque, en somme, les bons Témoins ne s'abstiennent pas de contacts avec l'exclu au nom d'un règlement mais en vue de son salut. Pour mon frère, par exemple, je sais qu'il n'y aura pas la moindre petite entorse. Alors, à défaut de me consoler, je me conforte dans mon choix en examinant l'étendue des dégâts commis par la Watchtower. D'anciens Béthélistes racontent la surveillance des adeptes, la lecture de la correspondance des membres, la couverture d'incestes, le versement d'indemnités contre le silence de fidèles abusés.

Parmi les détracteurs, je repère un nom qui me sidère : celui de Daniel, le compagnon de geôle de mon frère. Devenu un exégète réputé, il a viré sa cuti et est devenu un fervent démolisseur de l'Organisation. Quelle joie ! Seuls des fidèles qui ont examiné en profondeur les textes peuvent démonter une doctrine d'une manière très technique par-delà les protestations auxquelles se cantonnent souvent les excommuniés (« on nous empêchait de fumer ou de boire »). Je trouve ce retournement aussi revigorant que formidable.

Sans attendre, j'écris un mot à mon frère.

Un peu plus qu'un mot, en réalité.

Un bon paragraphe.

Une page, même, pour lui parler de Daniel, son *alter ego*, celui dont les certitudes inébranlables avaient contribué à renforcer ma foi et dont, aujourd'hui, les écrits critiques me soutiennent dans mon épreuve d'exclue.

Et quelques autres bons paragraphes pour lui exposer le résultat de mes propres recherches renversant les enseignements de la société Watchtower. Mon travail est sérieux. Plus confiante que naïve, je suis certaine que mon propos devrait l'amener à se remettre en cause.

69. L'écroulement du château de cartes

Peu après, sur un DVD, mon frère m'envoie une vidéo où il balaye mes objections d'un revers de main. Il ajoute qu'il ne répondra plus à ma prochaine manifestation d'apostasie. Ce terme est particulièrement grave pour un Témoin. Il désigne « l'abandon ou la désertion du culte et du service de Dieu. En fait, c'est une rébellion contre Jéhovah. »[1] Il existe donc une différence non négligeable, une dégradation dans l'inacceptable, entre

- être exclu (c'est le statut que décrète la congrégation quand elle pense que quelqu'un n'est plus digne d'elle, laissant la porte reste entrebâillée pour un éventuel retour du mauvais Témoin repentant) et
- être apostat (c'est l'état de celui qui renie sa foi et son attachement à Jéhovah *via* la Société : dans ce cas, aucun retour n'est envisageable).

L'exclu est un être que Satan a réussi à faire chuter ; l'apostat est une créature possédée.

Je n'ai plus « manifesté mon apostasie » auprès de mon frère. Pour autant, nous n'avons plus été en contact.

*

Petit à petit, grâce à des fuites de documents confidentiels et à des révélations de ceux que l'on appelle à présent des « excommuniés », avec l'aide de mes nouvelles connaissances tant historiques qu'artistiques et anthropologiques, je déconstruis, selon le mot qui n'est pas encore à la mode, les raisonnements que l'on m'a inculqués chaque jour. Je découvre avec horreur les dessins subliminaux qui truffent les publications. Dans chaque recoin des illustrations officielles

---

1. https://www.jw.org/fr/bibliothèque/livres/Comment-raisonner-à-partir-des-écritures/Apostasie/

pimpant les articles de *La Tour de garde*, je repère des têtes de boucs et des signes cabalistiques voire sataniques observables avec une loupe ou en dédoublant une image à l'aide d'un miroir.

J'apprends à décrypter la figure de Baal, sur laquelle les enseignements jéhovistes sont pour le moins alambiqués[1].

Je me surprends à repérer les symboles satanistes que j'ignorais, des têtes de mort, une main crochue par-ci, des têtes de démons par-là. Je comprends mieux pourquoi j'ai pu autant cauchemarder du démon quand je contemplais ces horreurs tous les jours !

Mes études historiques me confirment que, contrairement à ce que nous pousse à croire l'Organisation, le déluge universel tel que le décrit la Bible n'a – en aucun cas – pu se dérouler tel qu'il est décrit. Lentement, sûrement, le château de cartes s'écroule. Le pilotage automatique a des ratés. Il n'est plus automatique. Il ne démarre plus. Le conditionnement se désarme chaque jour davantage. Je pourrais écrire un livre entier à ce sujet, et je compte m'y atteler !

---

1. https://wol.jw.org/fr/wol/d/r30/lp-f/1200000505

70.
Le choix de la solitude

L'expérience que je vis en me libérant de mes croyances n'est pas spécialement agréable. Certes, j'éprouve d'abord un mince filet de fierté d'avoir réussi à trouver une échappatoire, alors que je pressentais à peine que La Vérité contenait une vaste part de fumisterie. Ensuite, un peu de honte me titille d'avoir été aussi crédule, quoique j'aie conscience qu'il m'était impossible de penser autrement. Je n'ai pas de colère envers ma famille. Ma vie, – et je sais maintenant qu'on en a qu'une – a été déformée par tout ce temps perdu à croire que Dieu allait intervenir un jour et que j'obtiendrais la vie éternelle dans son paradis terrestre. L'Organisation atteint des gens déçus et en recherche de réponses à des questions existentielles.

Enfin, j'éprouve de la tristesse à l'endroit de ceux qui sont encore captifs mentalement, spirituellement et intimement, de l'Organisation... même si je suis bien placée pour savoir combien peut aider, dans les aléas de la vie, l'élan que donne la foi et la confiance. Telle est la triple force de la Watchtower :

- la maîtrise rationnelle et intime des croyants, grâce à l'intensité des activités, entre réunions multiples et prédication, et grâce à l'importance du contrôle réciproque exercé par tous sur chacun ;
- la coupure entre les fidèles et le reste du monde qui, selon les points de vue, pourrait éveiller ou pervertir les Témoins ; et

- ce soulagement très humain que peut procurer la certitude de détenir une vérité immuable – une vérité si belle, cette vérité, si transcendante qu'un vrai Témoin ne peut avoir qu'une envie : la partager avec ceux qui sont encore entre les mains de Satan.

Si cela n'était pas clair, je veux insister sur un point : en aucun cas, je ne jette l'opprobre sur l'ensemble des Témoins. Beaucoup de ceux que j'ai côtoyés sont des gens qui, par-delà leur humanité par définition imparfaite, et c'est heureux, sont portés par une foi sincère. Beaucoup n'ont pas conscience – ou s'arrangent pour ne presque pas avoir conscience, ce qui revient au même – des contradictions, des faiblesses, des erreurs qui sous-tendent leurs positions religieuses et leurs choix de vie. Beaucoup croient réellement que l'Organisation est infaillible, pure et claire comme de l'eau de roche. Moi-même, c'est ce que j'ai longtemps cru.

Trop longtemps.

*

Aujourd'hui, j'ai l'impression d'avoir compris.

Je comprends mieux comment et pourquoi j'ai pu être retenue si longtemps dans ce système.

Savoir aussi qui était Charles Russell, cet « étudiant de la Bible » qui a, le premier, dirigé *La Tour de garde* et dont le but affiché était « de faire connaître les enseignements de Jésus et d'être fidèle aux pratiques de l'assemblée chrétienne du Ier siècle »[1]. Pour les Témoins, après Jésus en personne, il est le fondateur de l'Organisation. En réalité, j'ai découvert beaucoup de choses sur lui et les

---

1. https://www.jw.org/fr/temoins-de-jehovah/faq/fondateur/

hommes qui l'entouraient, ne serait-ce qu'en lisant le jugement du divorce et la façon dont il a traité sa femme.

*

Désormais, à défaut d'être pleinement libérée, je ne me contente pas de subir ma solitude. J'en jouis également pour affronter en personne mon existence et les questions métaphysiques qui me travaillent. Je ne veux plus de système philosophique ou religieux que l'on m'impose. Je veux explorer par moi-même les graves interrogations qui travaillent l'humanité des hommes. Que se passe-t-il après la mort ? Quel est le but de la vie ? S'il n'y a qu'un Dieu, pourquoi y-a-t-il autant de religions ? Comment la vie est-elle apparue ? Je veux me réapproprier ce que je vis, ce que je pense, ce que je ressens et ce que je suis.

Oui, à partir de maintenant, même si c'est moins rassurant, je préfère être seule dans mon questionnement que mal accompagnée.

71.
LE COMBAT D'UNE FEMME

Au moment où j'écris ces lignes, quatorze années seulement me séparent de ma décision de quitter les témoins de Jéhovah. J'ai perdu ma famille, mes amis. Mon mari m'a accusée de tuer ma fille en la coupant des Témoins car je l'expose à être détruite au jour de la guerre de Dieu. J'ai tenu bon. Ma fille va bien, et la grande tribulation attend toujours son heure.

En quatorze ans, je n'ai revu que trois fois mon frère :

- lors d'un enterrement,
- à l'occasion d'un rendez-vous chez le notaire, et
- pour le mariage de mon fils où, privilège exceptionnel, j'ai été invitée.

*

Sept ans auparavant, quelques situations familiales avaient eu l'occasion de mettre à l'épreuve l'amour de mes enfants, le mien étant inconditionnel.

Plus éduqué donc moins borné que d'autres, mon petit garçon devenu grand a réussi à faire un compromis pour son mariage. J'ai même eu le droit d'être sur les photos avec le reste de la famille, à une condition : que je ne tente pas de saluer mes ex beaux-frères.

Il est vrai que la dernière fois que j'avais croisé le plus jeune d'entre eux alors que j'étais exclue, cela avait provoqué un drame.

Ce jeune homme était à côté de mon fils que je venais d'embrasser et, spontanément je lui ai tendu la main. Quel crime ! Encore heureux qu'il ait eu la décence de m'ignorer comme un vieux tas de linge sale jeté dans une buanderie...

*

Inviter une exclue à son mariage était un acte de bravoure de la part des jeunes mariés. Néanmoins, lorsque j'ai regardé les autres invités partir pour faire la fête, mon cœur s'est brisé en mille morceaux. J'ai souri à mon garçon. Il m'a soufflé « au revoir » de loin, accompagné d'un timide « je t'aime maman ». J'ai continué de sourire et de faire coucou avec la main jusqu'à ce qu'ils montent tous dans les voitures et disparaissent.

Alors seulement, je me suis effondrée.

*

Un an plus tard, mon fils m'annonce qu'il passe voir son père avec sa femme et qu'ils seraient heureux de passer déjeuner à la maison si cela ne me dérange pas. Je saute au plafond. Trois jours plus tard, il m'appelle et se décommande.

– Je ne peux pas te voir, murmure-t-il. Tu comprends, tu es exclue...

J'imagine qu'un frère l'a semoncé en lui rappelant ses obligations. Je lâche le combiné comme si on était en train de me tuer. Littéralement. Dès qu'elle me voit lâcher le combiné en ayant peine à respirer, ma fille s'en empare aussitôt et, devinant ce dont il s'agit, crache à son frère ses quatre vérités à pleine voix.

Je me réfugie sur le balcon pour ne pas entendre mes enfants se déchirer à cause de moi... ou à cause de la Watchtower ?

*

Comme Paul Éluard, j'aime croire qu'il n'y a pas de hasard, il n'y a que des rendez-vous. Quelques mois après ma cruelle désillusion, comme s'il fallait que quelque chose advînt, je marche d'un pas vif sur les Champs-Élysées quand, face à moi, je tombe sur un Témoin en train de prêcher. C'est mon fils.

Nous écarquillons les yeux. Nous n'avons pas un instant d'hésitation. Nous nous embrassons. Je ne sais pas si, sur le moment, il est gêné, mais impossible d'y couper. Soucieuse de ne pas le mettre mal à l'aise, je lui lance d'un ton enjoué :

– Je ne te dérange pas plus longtemps, je vais au théâtre et je ne suis pas en avance.

– Quelle coïncidence ! souffle-t-il.

– Qui sait ? C'est peut-être Jéhovah qui a voulu que nous soyons réunis...

Nous rions. Je continue de rire en m'éloignant. L'aspect cocasse de ce hasard rend mon pas un peu plus léger. J'espère que m'avoir revu l'aidera à réfléchir.

Pour ma part, je m'attache à prendre la vie comme un jeu. Ce qui me sauve, c'est que, quoi qu'il advienne, quoi que l'on m'inflige, je ne me sens jamais salie. La bave des crapauds n'atteint pas la blanche colombe. D'accord, je ne suis pas immaculée, mais je veux voler de mes propres ailes, m'élever sans cesse grâce à l'art, la créativité et ma liberté de penser. J'ai confiance dans mon potentiel. En moi bat une force qu'aucune pression, aucune attaque, aucune tentative d'avilissement n'a réussi à briser durablement.

Je crois que mes coreligionnaires ont fini par avoir, eux aussi, l'intuition que leur prison n'était plus en mesure de me retenir. J'ai scié les barreaux, déjoué les serrures, creusé un tunnel, quitté ma

71. Le combat d'une femme

cellule, gagné le grand air. Plus que mes questions, mon comportement ou ce qu'ils considèrent être comme mes fautes, c'était ma force intérieure qu'ils considéraient comme dangereuse pour moi, pour eux et pour Jéhovah. Je suis un poison parce que j'ai compris, lentement, que ce que l'Organisation nous montre n'est qu'un jeu d'ombres chinoises, et parce que je suis sortie de cette caverne platonicienne pour recouvrer la vue en retrouvant la lumière.

Le temps perdu ne se rattrape guère ? Qu'importe. Ce que je veux, à présent, c'est ne plus en perdre, de temps. C'est continuer de me battre. Tomber, peut-être, parfois ; toujours me relever. Accueillir l'échec comme l'occasion de devenir mieux que ce que j'étais. Attirer le bonheur en me tournant vers lui et non en m'enfermant dans la peur, le ressassement, la rancœur ou les regrets. Avancer pas après pas. À chaque jour suffit sa peine. La suite de nos aventures commence à chaque nouvelle seconde. Lançons-nous à sa découverte !

*

J'ai revu mon père plusieurs fois avant son décès, essentiellement parce qu'il acceptait d'accueillir ma fille et parce qu'elle exigeait que je fusse de la partie. Grâce à cette entorse audacieuse à l'exclusion qui me frappe, j'ai passé de bons moments avec eux deux, malgré nos divergences et malgré l'évidence que mon père croyait dur comme fer aux versets 36 et 37 du dixième chapitre de l'Évangile selon saint Matthieu :

> Oui, les ennemis de l'homme seront ceux de sa propre maison. Celui qui a plus d'affection pour son père ou pour sa mère que pour moi n'est pas digne de moi.

Mon frère et sa femme, eux, ont complètement coupé les ponts avec moi. Ma sœur et mon beau-frère m'ont parfois accueillie à leur table avec ma fille. Une nuit, quand mon père ne le pouvait pas, ils m'ont même autorisée à dormir chez eux. Sans m'ouvrir grand les bras, ils ne m'ont jamais repoussée. À leurs yeux, cela doit être un terrible effort pour lequel il me faudrait être reconnaissante. Je le serais volontiers s'il n'y avait pas ces non-dits entre nous, cette hypocrisie religieuse qui nous éloigne, cette séparation pour des croyances fondées sur du sable.

En quelques années, ma mère a perdu à la fois mon père et mon beau-père. Elle dit ne pas se sentir seule grâce à Jéhovah et aux prières qu'elle lui envoie. Je ne lui manque pas le moins du monde.

*

Malgré les leçons de morale que ma mère me serinait par courriel, malgré les découragements, malgré les tristesses qui me fouissaient le cœur, j'ai continué à avancer comme je me le suis promis. J'ai même réussi à

- obtenir un Capes,
- refaire ma vie (comble de l'horreur, mais est-ce une surprise ? je me suis remariée avec un homme du monde !),
- rencontrer de nouveaux amis,
- m'intéresser à la politique et
- poursuivre mon combat contre les formes de fondamentalisme.

Aujourd'hui, je reste une femme engagée, combattive, en alerte devant la montée des extrémismes religieux.

Coda

En 2021, j'apprends la nouvelle la plus incroyable que j'aie entendue de ma vie : mon fils a décidé de ne plus être témoin de Jéhovah. Lui aussi subit alors ce qu'ils nomment aujourd'hui l'excommunication. En dehors de toute considération, il n'a même pas été prévenu ! Il n'a commis aucun péché, à part celui d'avouer ouvertement qu'il ne croit plus aux préceptes des Témoins. Il est effondré... Furieuse, sa femme envoie quelques semaines plus tard une lettre de retrait volontaire.

Pour célébrer nos retrouvailles après douze longues années perdues, nous fêtons ensemble le réveillon de la Saint-Sylvestre. J'ai vécu ce moment, je me doute donc que sa première fête païenne lui fera un drôle d'effet ! Covid oblige, nous le fêtons chez lui, à Paris. Je ne connaissais pas vraiment ma belle-fille que je n'avais vue que deux fois : lors de son mariage où je l'avais aperçue, et lors de mon remariage auquel, à ma grande surprise, ils étaient venus. Je comprends, que s'ils ont assisté à cette seconde fête, c'est qu'ils commençaient à penser autrement et à s'interroger sur les principes qui allaient remettre en question leur mode de vie.

*

Personne ne sort de la Watchtower en cinq minutes. Il faut du temps, de l'énergie, de la volonté, des déclics et, surtout, de la ténacité. J'ignore si nous avons plusieurs vies, si la vie éternelle est un doux fantasme, si Dieu existe, mais j'ai un but, dans la vie : me retrouver en vivant libre, honnête et créative.

Mon fils aussi doit suivre son propre chemin. Il l'a entamé quand « mon musicien » a été rattrapé par un cancer très virulent. Même quand le plus sombre diagnostic a été posé, soutenu par mon frère, son père lui a demandé de garder ses distances :

– Tu as choisi. Je ne peux plus te voir comme avant.

Sa colère a fléchi par la suite, peut-être parce qu'il sentait la fin approcher, et peut-être aussi parce qu'il a lu une lettre que je lui ai adressée, une lettre où l'amour et les souvenirs de déchirure se concluaient par une supplique : « Parle à notre fils. Passe au-dessus de tes croyances pour lui. Ne le blesse pas plus que nécessaire. » Toujours est-il que l'homme dont j'ai partagé la vie pendant vingt-quatre ans a accepté de revoir son fils puis d'échanger avec lui au téléphone.

Mon fils a donc vécu la même dualité que moi. D'abord les phrases qui tuent et déchirent, puis le petit adoucissement qui vous donne l'impression de recevoir un don du ciel.

À l'enterrement de mon ex-mari, mes deux enfants ont vécu un double drame. Celui de perdre leur papa, et celui de voir à quel point les Témoins étaient atteints par la peur de rendre un culte à un défunt. L'enterrement était d'une simplicité et d'une pauvreté émotionnelle presque indécentes. Personne n'était prêt à passer la chanson d'Alan Parson Project qu'il voulait pour cette occasion – sans doute à mon intention en particulier – et qui disait :

Goodbye, my love, maybe forever

The tide waits for me.

Who knows even we shall meet again ; if ever...

But time keeps flowing like a river, on and on, to the sea,
Till it's gone forever.[1]

C'est ma fille qui, en créant un montage photos sur la vie de son père, a exaucé le souhait de son père. Elle s'est même arrangée pour que j'apparaisse, moi, la brebis galeuse, lorsque j'ai donné la vie. Ma fille a aussi décoré le cercueil avec du lierre. Dans les moments où les mots n'ont aucune valeur, aucun intérêt, aucune efficience, ces petits rien font des petits tout. Ils m'ont infiniment touchée, et je veux croire que, autant que nous avons pu intervenir dans cette cérémonie cadenassée par les Témoins, ils ont rendu hommage à celui qui, par-delà ce qui nous a séparés, restera à jamais « mon musicien ».

*

Aujourd'hui, j'habite près de mes enfants avec qui je partage des moments exceptionnels. Nous sommes très liés et nous nous soutenons régulièrement quand nous traversons des moments difficiles.

Mon fils a divorcé trois mois après son exclusion car sa femme a eu, comme moi, une révélation : toutes ses décisions étaient faussées depuis le départ, y compris son mariage.

J'étais triste pour mon petit garçon, mais je savais, ô combien douloureusement, que la liberté a un prix et que, en général, il est très élevé.

---

1. « Adieu, mon amour, peut-être pour toujours. Le courant m'appelle. Qui sait si on se reverra ? Qu'importe puisque le temps coule sans cesse comme une rivière jusqu'à la mer, et jusqu'à ce que tout soit consommé pour toujours... »

Depuis le décès de mon père, seul mon frère continue de ne pas vouloir me croiser. J'en suis triste et je m'en fiche à la fois.

Je termine ce manuscrit le 31 décembre 2022. Je me sens libre de célébrer une fête païenne parce que j'ai enfin admis que tout ce qui m'en empêchait n'était fondé sur aucun raisonnement rationnel. Grâce à mes recherches acharnées, j'ai pu constater que les livres sacrés sont truffés d'histoires qui, certes, peuvent être instructives mais n'auraient jamais dû nous obliger à suivre à la lettre certains principes, notre vie durant.

Quand je lève les yeux de mon ordinateur portable, j'aperçois ma fille qui s'apprête pour aller faire la fête. Je la regarde se maquiller. Elle s'observe dans le miroir et grimace.

– Ça va, ma jupe n'est pas trop courte ? me demande-t-elle.

Je hausse les épaules et répond en regardant sa mini-jupe :

– Absolument pas ! Tu as de très jolies jambes, et ça te va à la perfection ! Tu es *sexy* mais pas vulgaire. J'adore te voir comme ça ! Je suis si fière de toi...

Son copain approuve. Ma fille est belle. Je lui souhaite d'être heureuse et, surtout, d'être elle-même. Avec son père, sans en avoir conscience, nous nous sommes répartis les tâches : lui l'a comblée d'amour, même maladroitement ; je lui ai donné un autre cadeau inestimable – la confiance en soi. Elle a su accepter ces deux offrandes et les faire fructifier. Malgré ses blessures et des souvenirs traumatisants, grâce à sa thérapie et un énorme travail sur elle, elle rayonne d'envie de vivre, de se sentir belle, d'exister par elle-même et dans le regard des autres.

Son copain s'impatiente. Les deux tourtereaux décollent du nid, direction la fête et la joie. Je vais sauvegarder une dernière fois ce fichier, replier l'écran et vérifier qu'il y a assez de champagne au frais avant l'arrivée de mes invités. À minuit, nous lèverons nos coupes et, sans aucun scrupule, nous nous souhaiterons la bonne année.

*

Au terme du récit de ma lutte pour la liberté, je vous souhaite bon courage pour vos propres combats. Moi, j'ai gagné ma guerre.

Un éditeur attend que je lui envoie mon histoire. Quel paradoxe que mon passé, celui qui m'a volé ces précieuses années de vie, réponde à l'un de mes souhaits les plus chers : devenir écrivain !

TABLE